O bistrot e outras histórias

Editora Appris Ltda.
1.ª Edição - Copyright© 2020 dos autores
Direitos de Edição Reservados à Editora Appris Ltda.

Nenhuma parte desta obra poderá ser utilizada indevidamente, sem estar de acordo com a Lei nº
9.610/98. Se incorreções forem encontradas, serão de exclusiva responsabilidade de seus organi-
zadores. Foi realizado o Depósito Legal na Fundação Biblioteca Nacional, de acordo com as Leis nos
10.994, de 14/12/2004, e 12.192, de 14/01/2010.

Catalogação na Fonte
Elaborado por: Josefina A. S. Guedes
Bibliotecária CRB 9/870

B732b 2021	Borgè, Manoel O bistrot e outras histórias / Manoel Borgè. - 1. ed. - Curitiba : Appris, 2021. 131 p. ; 23 cm. Inclui bibliografia. ISBN 978-65-250-0350-4 1. Contos brasileiros. I. Título. II. Série. CDD – 869.3

Livro de acordo com a normalização técnica da ABNT

Appris
editora

Editora e Livraria Appris Ltda.
Av. Manoel Ribas, 2265 – Mercês
Curitiba/PR – CEP: 80810-002
Tel. (41) 3156 - 4731
www.editoraappris.com.br

Printed in Brazil
Impresso no Brasil

Manoel Borgè

O bistrot e outras histórias

FICHA TÉCNICA

EDITORIAL
Augusto V. de A. Coelho
Marli Caetano
Sara C. de Andrade Coelho

COMITÊ EDITORIAL
Andréa Barbosa Gouveia (UFPR)
Jacques de Lima Ferreira (UP)
Marilda Aparecida Behrens (PUCPR)
Ana El Achkar (UNIVERSO/RJ)
Conrado Moreira Mendes (PUC-MG)
Eliete Correia dos Santos (UEPB)
Fabiano Santos (UERJ/IESP)
Francinete Fernandes de Sousa (UEPB)
Francisco Carlos Duarte (PUCPR)
Francisco de Assis (Fiam-Faam, SP, Brasil)
Juliana Reichert Assunção Tonelli (UEL)
Maria Aparecida Barbosa (USP)
Maria Helena Zamora (PUC-Rio)
Maria Margarida de Andrade (Umack)
Roque Ismael da Costa Güllich (UFFS)
Toni Reis (UFPR)
Valdomiro de Oliveira (UFPR)
Valério Brusamolin (IFPR)

ASSESSORIA EDITORIAL
Cibele Bastos

REVISÃO
Andrea Bossato Gatto

PRODUÇÃO EDITORIAL
Gabrielli Masi

DIAGRAMAÇÃO
Daniela Baumguertner

CAPA
Sheila Alves

COMUNICAÇÃO
Carlos Eduardo Pereira
Débora Nazário
Kananda Ferreira
Karla Pipolo Olegário

LIVRARIAS E EVENTOS
Estevão Misael

GERÊNCIA DE FINANÇAS
Selma Maria Fernandes do Valle

COORDENADORA COMERCIAL
Silvana Vicente

À Lu, Duda e Nina, pelas travessuras, inspirações e amor.

Há derrotas que têm mais dignidade do que a própria vitória.
(*J. L. Borges*)

O tempo não existe. É apenas uma convenção.
(*J. L. Borges*)

Prefácio

Quando menino, ao escrever em agendas e cadernos as redações que eram solicitadas pelos mestres e professores de então, sentia sempre um misto de mistério, de prazer e uma boa sensação, que somente após anos entenderia como sendo o maravilhamento e as surpresas das buscas, dos encontros e dos desencontros que envolviam os personagens que apareciam e desapareciam ao longo das histórias.

Ainda conservo os agora velhos cadernos, meio desbotados e judiados pelos anos, a maioria cadernos em espiral (como eram então conhecidos), contendo as antigas anotações e esboços de histórias, a maioria inacabadas, muitos desenhos, algumas citações em que raramente constam os créditos (hoje uma exigência, eu diria até uma muito enfadonha mania, por conta dos direitos autorais) e, principalmente, quando já próximo da idade adulta, divagações sobre a vida e sobre o tempo (o que é o tempo?, perguntava, inquieto!).

Aquela era uma época em que cadernos eram divididos em cadernos de brochura ou em espiral, sendo em espiral os mais caros. Minha mãe comprava vários deles logo no início do ano, e como ela sabia que eu estava sempre a escrever, a rabiscar e a eliminar folhas se não gostasse do que havia escrito, achava melhor, por uma questão de praticidade, comprar em maior número aqueles em espiral.

Ela própria adorava contar histórias, hábito que vinha dos meus avós maternos. Mas mesmo com todo o seu incentivo e os cuidados que eu tinha em conservar os cadernos, as inspiradoras histórias, as frases soltas e os muitos desenhos de uma época de sonhos acabaram esquecidos: à medida que eu ingressava no mundo adulto, embalado por uma necessidade, contumaz a todos, de afirmação profissional, o tempo para escrever foi se tornando cada vez mais escasso. Somente recentemente passei a resgatar parte do passado, e mesmo sem os insubstituíveis afagos de motivação da minha mãe, passo boa parte do meu cotidiano a escrever novos textos e a adaptar algumas das muitas inconclusas antigas histórias aos "tempos modernos".

Nunca me preocupou – e nem tampouco isso foi um motivo de sentir-me acuado – o lidar com a questão do tempo, o tempo do nosso dia a dia, o **tempo cronológico**, aquele tempo incessante, que flui sem parar e que associamos ao movimento sem descanso dos ponteiros do relógio, o tempo das causas e dos efeitos – sempre o menosprezei. Fui sempre lento para concluir etapas da minha vida profissional no mundo acadêmico e as minhas histórias (a maioria ficou sem conclusão), que brotavam a partir das notas e citações, de simples frases lidas em algum texto ou escutadas no bonde ou em qualquer lugar que fizesse parte da minha rotina de vida.

Esse tempo inquisitorial e periódico que vivenciamos, esse tempo não me importa, nunca me perseguiu, tampouco atrapalhou, e nunca a ele fui submetido. Concordo com Jorge Luis Borges (1899-1986), o grande escritor argentino, que ao longo da sua obra conjecturou que o tempo não existe: é apenas uma convenção. Além do tempo cronológico, felizmente, existem outras formas de convencionar-se a presença do tempo: há o **tempo dos Vikings**, em que passado e futuro se encontravam no presente e no qual as bifurcações aconteciam a cada momento. E como são importantes as bifurcações no tempo: elas nos permitem partir para novos enredos, menos previsíveis, dentro de histórias que se repetem no cotidiano. Há, ainda, outro tempo, baseado numa interpretação da teoria de Einstein (1879-1955), o **tempo cosmológico**, um tempo em larga escala, que é cíclico: "O universo evolui ao longo de bilhões de anos para uma ciclicidade (os ciclos do tempo), uma eternidade periódica na qual, de certa forma, o fim evolui para uma configuração passada", afirma Roger Penrose (2013), cosmólogo, físico e matemático da Universidade de Oxford.

É interessante observar que já Heráclito de Éfeso (500 a.C. - 450 a.C.), um filósofo grego pré-Socrático, considerado o pai da Dialética, deixara implícito em sua Dialética essa contínua ciclicidade do tempo, o fluir do tempo ao longo da História, que se comporta como a circunferência: "Uma figura geométrica na qual o princípio e o fim coincidem".

Há, também, por fim, mas não menos importante, o **tempo de Carl Jung** (1875-1961), um psiquiatra suíço que fundou a moderna psicologia analítica e nos legou uma notável contribuição científica que influenciou várias áreas de pesquisas, da psicologia à literatura, e áreas afins. Para Jung, o tempo pode ser conjecturado como em três tipos: o Kronos (tempo do egolinear), o Aion (tempo cíclico) e Kairós (tempo da circunstância, tempo da sincronicidade).

Esses tipos de tempo (assim os chamaremos) podem, por exemplo, ser encontrados na literatura dos contos de fadas. Em alguns desses contos, os personagens estão no mundo real, no tempo do Kronos e, subitamente, adentram a mundo maravilhoso deparando-se com o tempo Aion ou com o tempo Kairós, ou, ainda, com esses dois tempos, para, somente depois, retornarem ao mundo real, exatamente no ponto em que se encontravam antes de iniciarem as suas aventuras.

Pode-se observar isso na história de "Alice no país das maravilhas" e em "O mágico de Oz": Alice acorda de seu "sonho" na ribanceira, ao lado de sua irmã, local em que estava no começo, ao avistar o Coelho Branco. Já Dorothy ainda está em seu quarto, deitada na cama, ao retornar de suas peripécias na Cidade das Esmeraldas. Quase todas essas conjecturas sobre o tempo (ou que ele representa) fundamentam-se num princípio filosófico chamado de princípio de causa e efeito, ou lei da causa e efeito, que considera que cada evento temporal nesse nosso universo é o efeito de alguma causa consciente. Por exemplo, tomar o ônibus (causa) no nosso cotidiano de um **tempo cronológico** nos leva a algum destino (efeito). Tal princípio fundamenta boa parte da filosofia e do método científico ocidental.

Mas há uma exceção: o **tempo da sincronicidade**, ou o tempo Kairós, de Carl Jung, conhecido também como o tempo do inconsciente ou da circunstância. Há exemplos simples desse tipo de comunicação inconsciente no nosso cotidiano: ao nos lembrarmos de uma pessoa com quem faz tempo que não conversamos, e alguém fala o nome dessa pessoa; ou ao recordarmos alguma música antiga e, ao ligarmos o rádio do carro, estar tocando a mesma *música*.

Neste livro de contos procurei resgatar, ao longo das 12 histórias que o compõe, um pouco das indagações acerca da vida e da perplexidade infanto-juvenil sobre a passagem dos dias, dos anos, do tempo. O **fluir do tempo** está presente em várias histórias, como no Conto "Pato novo não mergulha fundo?", em que a jovem personagem, mesmo sem perceber, é incitada a todo o instante a perseguir incessantemente o tempo.

Uma **bifurcação do tempo** (um legado da Mitologia Nórdica e dos Vikings) está presente, sobretudo, nas histórias de Helmi Borealis e Beyond Moutier: o passado ou outra realidade (futura ou imaginária) pode juntar-se ao presente e produzir resultados inesperados, como encontros ou reencontros. A **sincronicidade de eventos**, ou o **tempo do inconsciente** (como é conhecido), também é contemplado nesses pequenos contos, principalmente em "Reflexos", a partir de uma reflexão.

Há muitas outras nuances em cada uma dessas histórias, como derrotas que valem mais do que vitórias, em Helmi Borealis, gatos falantes, em "Os gatos", e o encontro inesperado em "Presente de Natal". Mas como diria Umberto Eco, há, sobretudo, nesse pequeno livro, "tantas leituras e interpretações possíveis quanto o número de leitores". Há outras sutilezas no texto, mas é melhor que sejam deixadas para as interpretações de cada leitor.

Manoel Borgè.

Brasília, setembro de 2020.

Sumário

Encontros

Um último tango 17
Turim 25
O bistrot 37
Beyond Moutier 47
Reflexos 55
Helmi Borealis 61

Desencontros

Venezianas 79
Urbi et Orbi 93

Acalantos

Os gatos 107
A pequena Luísa 111
Presente de Natal 115
Pato novo não mergulha fundo? 121

Referências 129

Encontros

Um último tango

Não há erros no tango, senhorita. O tango não é como na vida. Se você comete um equívoco, apenas continue dançando, e logo encontrará a sintonia e o compasso. É isso que faz do tango algo tão especial.

(do filme Perfume de Mulher, 1993, numa memorável cena de Al Pacino e Gabrielle Anwar)

I. Buenos Aires, primavera de 1975

Outubro de 1975, subúrbio de Palermo. Numa Buenos Aires que se perdeu em alguma bifurcação do tempo, estavam Nico, um jovem matemático, e a sua constante companheira de dança, Cris, a dançar os últimos acordes do velho tango "Las siete palavras".

Nico sentiu, naquela distante primavera, uma felicidade enorme, ao ritmo das notas, da harmonia e do compasso daquele antigo tango que o levava a confundir a alegria do momento com a lembrança das boas coisas perdidas.

Cris estava delirante, feminina. Meiga e serena, como sempre tinha sido durante as aulas, também foi naquela derradeira aula, determinada e corajosa nos passos e no ritmo. Muito próxima, assim Nico a sentiu, como nunca a havia sentido, e no ritmo bem compassado dos acordes finais ele se perdeu num misto de devaneio e de despedida.

Embora tenham se conhecido somente durante as aulas, havia uma sintonia entre eles, muito evidente no quão mais próximo era o término das aulas. Cris estava na Argentina por pouco tempo, viera de um país remoto apenas para visitar parentes distantes e pouco (quase nada) conseguia se comunicar na língua local.

No primeiro tango que bailaram – "la guitarra milagrosa" –, ainda nos primeiros dias das aulas práticas, Cris, em seu idioma, sussurrou-lhe algumas palavras, que Nico não entendeu. Após a dança, Cris fez alguns gestos, tentou colocar algumas palavras no idioma de Nico, e ele percebeu, então, que ela falava sobre "Tempos entrelaçados", ou algo parecido, talvez "Tempos cruzados", ou mesmo "Caminhos cruzados", mas não conseguia entender o contexto completo.

As mesmas palavras foram sussurradas a Nico praticamente em todas as aulas que se seguiram. Nico procurou dar significados ou sentido às palavras – que já guardara após serem tão repetidas –, mas não conseguia, pois, para isso, era preciso ter um entendimento maior do contexto das frases.

Parecia que as palavras não tinham muito nexo causal. Nico teria, para entender as palavras, quase que decifrá-las. Naquela última aula, entretanto, Cris não mais as sussurrou, mas na linguagem corporal do ritmo da dança e da misteriosa sintonia e harmonia entre os parceiros dançarinos, mostrou a Nico que o corpo também fala, e essa linguagem é universal.

Nico Krael se despediu de Cris – ela estava com os olhos umedecidos pela emoção e ainda ofegante pelo ritmo alucinante da última aula –, dos outros alunos e do velho mestre Isidoro. Ele nunca a tinha visto assim, tão emocionada. O adeus foi difícil, perturbador. Os ensinamentos apreendidos naquele outubro moldaram para ele uma nova forma de ver, de sentir e de relacionar-se com o mundo. Enfim, talvez, o velho tango tenha lhe trazido a coragem de seguir e se perder por outros caminhos.

Alguns dizem que a música – não apenas as grandes obras-primas – pode elevar-nos do nosso tempo e espaço até um ideal de tempo e espaço, ordenado por uma causalidade da liberdade. Na experiência do tango pode-se obter um relance do que poderia ser, para um único indivíduo e sua companheira de dança, existir no tempo e na eternidade, e alcançar o infinito. E esse encontro com o ponto de intersecção do intemporal com o tempo é também um encontro com o sujeito puro, libertado do mundo dos objetos, e deslocando-se em obediência às leis da liberdade.

II. *Mar Del Plata, primavera de 1995*

René Descartes (1596-1650), filósofo, físico e matemático, escreveu que "Existem limites para o conhecimento humano, e não há meios de sabermos se o nosso mundo é real ou é apenas um sonho" (Descartes, 1979, p. 88-89). Com esse célebre argumento de René Descartes, que resume estudos e ensaios filosóficos daquele grande pensador, o Prof. Nico Krael finalizava uma Conferência sobre um tema que lhe interessava de longa data: *"Os limites do conhecimento humano: de René Descartes (1596-1650) a Kurt Godel (1906-1978)"*. Nessa palestra, ele discorreu sobre o emblemático "Teorema de Godel e a incompletude do conhecimento matemático" (Nagel e Newman, 2009), e traçou paralelos com a tese de Descartes sobre os limites do conhecimento humano, também conhecida como o "Demônio de Descartes" (Descartes, 1979, p. 88-89): *"É certo"*, argumentou Krael em sua palestra, *"que nenhuma quantidade de Ciência e nenhuma quantidade de observação nos podem salvar do 'Demônio', ou seja, descobrir se o nosso mundo é de fato real ou fruto de uma ilusão"*. E, assim, Krael vivenciava quase que uma dualidade em seu dia a dia: matemático de profissão, mas um entusiasta por natureza da boa literatura, da filosofia, da poesia e da vida. Considera-se, hoje, um escritor sobre a condição humana e suas limitações, e um estudioso das emoções, intenções e sonhos, e a influência do passado na vida moderna.

Depois da palestra, Krael foi para casa e tentou dormir mais cedo, mas não antes de ligar o rádio local, algo que raramente o fazia. Ficou um tanto surpreso em escutar uma programação sobre tangos antigos. O apresentador falava e refletia sobre a história do tango na cultura e na vida argentina, e entre uma e outra reflexão, alguns tangos antigos eram tocados.

Krael escutou vários tangos que fizeram parte da sua vida anos antes, como "El Choclo", "El Pulito", "El Apache Argentino", "La Guitarra Trabajosa" e, principalmente, "Las Siete Palavras", que lhe trouxe recordações de algumas aulas de tango, em um tempo já remoto, em que dividiu a dança com uma formosa parceira, num estúdio de dança, hoje inexistente, naquela que outrora foi uma bela e aconchegante Palermo, um belo Distrito de Buenos Aires.

Nico não conseguiu se lembrar do nome daquela bela parceira, um pouco por estar exausto e um pouco também pelo tempo já passado desde então. E ele estava exausto, não por causa da palestra, que versava sobre um tema que lhe interessava, mas pelo seu cotidiano na Universidade, que há muito lhe proporcionava menos prazer que frustração. Uma rotina de competição desenfreada, alimentada por excesso de relatórios, de cobranças quantitativas e de pouca preocupação com a essência do saber e da verdadeira expansão do conhecimento humano.

Nico é um crítico da competição acadêmica. Na Idade Média, sempre dizia, um escultor criava uma obra e para ele dava na mesma se fosse instalada na entrada de uma catedral ou em suas torres, onde ninguém, além de Deus pudesse vê-la. Toda essa competição para saber quem é o melhor é destrutiva, aniquila o frescor do olhar e o cerne da criatividade. Insatisfeito com a educação científica, ele suspeita, há muito, da existência de questões mais sérias e mais profundas para as quais a ciência não tem resposta. A ilusão humana, pensou Nico, faz (ou, deveria fazer) parte da verdade científica como um produto incidental dela mesma, e a filosofia, a literatura e a poesia são, das que dispomos, algumas das melhores armas para tentar resgatar a busca da verdade dos apuros causados por um limitado sistema educacional. Como dizia Dante: "Pois, tanto quanto saber, agrada-me duvidar" (Maldonado; Miranda, 2016, p. 225).

No dia seguinte, levantou-se um pouco mais tarde que o costumeiro, após um barulho incessante do despertador. A secretária já havia chegado há certo tempo e disse que tinha tentado acordá-lo algumas vezes, que não era a primeira vez que o despertador tocava e que ele murmurou, num sono profundo, algumas palavras e sons : ele dizia que era preciso decifrar frases, entendê-las, pois, então, ele compreenderia vários significados da vida. Também havia falado no nome de alguém, que parecia ser de uma mulher, mas era um nome muito complicado, quase ininteligível.

A secretária estava preocupada, pois nunca tinha presenciado (escutado) tamanha agitação, num sono tão profundo. Pelo atraso no horário e pelos compromissos que tinha na Universidade – um dos mais importantes era participar de uma Mesa Redonda sobre Mitologia –, não tomou o café da manhã. Apenas apanhou a correspondência que estava sobre a mesa e se dirigiu para a Universidade.

Antes de ele deixar o apartamento, a secretária lhe entregou um envelope, que parecia danificado. Ela salientou que um funcionário dos correios o havia deixado pela manhã bem cedo, com uma notificação da direção dos Correios, Seção de Palermo, Buenos Aires, em outro pequeno envelope, em apenso ao maior. O funcionário dos Correios tentou localizá-lo em Palermo, endereço constate no envelope danificado, mas lhe informaram sobre o seu novo endereço, agora em Mar Del Plata.

Krael percebeu que o envelope danificado tinha o carimbo de um bairro, ou de um distrito de Buenos Aires, de nome ilegível, já que havia uma mancha no lugar do carimbo onde estava o nome do local de onde fora postada a correspondência. Não havia nome ou sobrenome de quem o havia postado, e sequer havia endereço do remetente. Krael abriu o envelope e nele estava um bilhete, no qual se lia:

Palermo, Buenos Aires, 20 de novembro de 1975.

Nico.

Na próxima semana parto para o meu país... Talvez, em futuro próximo, retorne a Buenos Aires em definitivo. Como você percebeu, pouco (ou quase nada!) sei sobre a sua língua, por isso solicitei ao meu parente para traduzir esta pequena mensagem.

Perdoe-me dizer, caro Nico, mas você é um tanto tolo. Não havia muito significado na maioria das palavras que eu dizia enquanto dançávamos. Palavras ditas por alguém que nada ou muito pouco conhece de um idioma, e que queira comunicar-se, podem ser expressas mesmo sem significado; apenas são ditas, para se chamar a atenção, para se fazer presente. As únicas palavras pronunciadas com certo sentido foram as já entendidas (decifradas): "Caminhos cruzados ou tempos entrelaçados" – que significam o mesmo.

Você nem deveria preocupar-se por contextualizar palavras. É tudo muito simples. Explicações e sentidos, nem sempre os encontrará pela vida. Parece-me que você precisa muito aprender sobre isso. Deixar as circunstâncias fluírem e manter uma atitude receptiva e aberta perante a vida, fazendo com que os acontecimentos e a vontade das pessoas naturalmente ocorram, deveria ser-lhe um guia de vida. Você perdeu uma chance de viver por completo um belo sonho.

E para finalizar, não se esqueça de outro aprendizado (não sei se o compreenderá muito bem): "A pergunta decisiva para o ser humano é se ele tem o infinito como referência. É esse, amado Nico, o critério de sua vida? Espero que ao longo dos anos, o significado e a experiência do tango possam ser absorvidos em toda a plenitude".

Cris O'Higgins.

Nico permaneceu por algum tempo na garagem do prédio, perplexo e sem compreender o que se passava. Finalmente, lembrou-se que longos anos tinham se passado – nem sabia dizer quantos anos – desde que Cristina O'Higgins, por meio de gestos (ela não falava bem o idioma local), quis dizer algo: "Tempos entrelaçados", durante aulas práticas de tango, numa Buenos Aires plena de romantismo, onde o tango ainda representava a verdadeira alma argentina.

Há muito tempo Nico não pensava em Cris: durante um período, já distante, havia tentado encontrá-la usando mecanismos de buscas, mas sem sucesso. Ficou muito intrigado quando sua secretária lhe disse um nome não identificável de mulher, murmurado por ele. Tentou lembrar-se, com alguma dificuldade, dos sonhos que tivera, mas sonhos, às vezes (quase sempre), não são de todo lembrados; parece que na nossa memória não há muito lugar para eles.

Existem acontecimentos – pensou Nico, agora já ligando o carro para seguir em direção à Universidade – que se relacionam não pela relação causa e consequência (como pedalar uma bicicleta, que tem como consequência o movimento), mas por uma relação de significado. As emoções, as relações, o amor, em sintonia com as lembranças e a memória , colaboram para um maior entendimento da vida, num estranho emaranhar do passado e presente.

De certa forma, finalizou Nico seu pensamento, é preciso deixar-se levar mais pela intuição e sabedoria interior e menos pela necessidade contumaz de procurar explicações para tudo, e considerar melhor, com mais atenção, eventos que se harmonizam (se sincronizam) por terem um significado igual ou semelhante, mesmo que estejam separados no tempo e espaço, ou entrelaçados, como sonho e realidade.

Ainda na garagem – e antes de acelerar o carro para, finalmente, dirigir-se à Universidade –, Nico resolveu ler a notificação dos correios que acompanhava o envelope avariado:

NOTA ESCLAREDEDORA

Da: Direção dos Correios de Buenos Aires.

Distrito de Palermo.

Para: Senhor Nico Krael.

Prezado Senhor Nico Krael.

A Direção dos correios de Buenos Aires, Seção de Palermo, lamenta a avaria no envelope por Vossa Senhoria agora recebido. Esse envelope, e mais todo o conteúdo dos "Malotes 1.567 a 1.574 – Palermo", que deveriam ter sido entregues há mais de vinte anos, somente há pouco foram localizados por alguns ciclistas que faziam, fortuitamente, trilhas numa

O bistrot e outras histórias

região de difícil acesso, próxima ao nosso Distrito. O malote acima citado estava perdido após acidente automobilístico ocorrido à época, numa fria e chuvosa tarde primaveril, no longínquo dezembro de 1975, quando a SUV dos correios capotou várias vezes e vários malotes foram lançados, dispersaram-se, e alguns se perderam ao longe. Agradeço pela compreensão e espero que o conteúdo ora recebido possa, a despeito dos anos, ainda trazer felicidade, frescor, alegria, recordações.

Atenciosamente,

Cris O'Higgins,

Diretora dos Correios – Distrito de Palermo

P.S.: junto ao envelope, que estava entreaberto e avariado, caro Senhor Nico, havia o desenho de um coração, feito a giz vermelho, que encontramos bem danificado, quase que totalmente dilacerado pelo tempo. Acreditamos que era parte integrante da mensagem contida no envelope, que foi bem preservada. Mesmo assim o encaminhamos juntamente a esta Nota Esclarecedora. Ao que parece, os nomes de duas pessoas, hoje praticamente ilegíveis, estavam escritos no coração.

Palermo, Buenos Aires, 21 de dezembro de 1995.

Turim

Turim talvez seja a cidade ideal para o escritor. Não sei se
é possível escrever numa daquelas cidades em que imagens
do presente são tão arrogantes, tão prepotentes ,a ponto de
não deixar margem de silêncio e de espaço.

(Ítalo Calvino, em "Um forasteiro em Turim")

I. Névoa sobre a Via Roma, ou extratos do livro Biografia de um cineasta — A história de Leonardo Dantonn, de Luigi Presto.

Páginas 5, 6...

...Dramas existenciais, sensibilidade a problemas sociais, denúncias políticas, bem, nenhum desses temas era motivo de inquietude para Leonardo Dantonn, morador de uma pequena cidade, recém-formado em Letras e Jornalismo, amante dos prazeres da vida e de uma boa e despretensiosa conversação.

Leonardo levava o seu cotidiano profissional entre afazeres descompromissados, como as eventuais reportagens para um jornal local, e aulas particulares de outros idiomas. Como um bom leitor de Bertrand Russell (1872-1970), ele valorizava as coisas aparentemente sem importância, que acabam por ser as que mais importam, se buscarmos a felicidade plena na vida (Russell, 2015).

Amante também dos clássicos antigos, ele era leitor assíduo de Sêneca (4 *a.C.* - 65 d.C.), o sábio romano a quem não importava quão longa ou curta seja uma vida, o que importa mesmo é que ela seja uma vida muito boa (J. K. Rowling, 2015). Algo, no entanto, aconteceu no cotidiano de contumaz boêmio de Leonardo, alterando a sua trajetória de vida.

Um cartaz despojado, próximo a um dos bistrots por ele frequentados, anunciava a inauguração do Cine Clube local – Cine Clube Clássicos do Cinema –, e assinalava: *"Um drama existencial sobre a condição humana, o vazio e a inutilidade do cotidiano, será mostrado em 'La Dolce Vita', filme do diretor Federico Fellini, obra a ser apresentada na inauguração do Cine Clube Clássicos do Cinema, nesta quarta feira, setembro, dia 21, às 20 horas".*

A narrativa de Fellini envolta em circunstâncias passadas por jornalista, que vivia entre celebridades num mundo marcado por grande vazio existencial, deixou um legado na vida de Leonardo de densa e preciosa crítica sobre os grandes dilemas humanos, norteando-o silenciosamente numa busca por outros caminhos.

Nas semanas subsequentes, outras sessões de cinema assistidas no Cine Clube o contagiaram de expectativas não menos marcantes, como as da obra-prima *Ladrões de Bicicleta*, do também diretor italiano, Vittorio De Sicca – uma narrativa de um desempregado quando encontra trabalho e o roubo da sua bicicleta ao colocar cartazes em uma cidade italiana destruída pela guerra –, ou, ainda, como as do clássico *Roma, Cidade Aberta*, dirigido por Roberto Rossellini, – um relato da ocupação nazista em uma cidade italiana, na qual um líder da Resistência é perseguido pela Gestapo.

Tudo foi acontecendo em poucos meses, em sequência, e, coincidentemente, a namorada Giovanna, filha do cônsul italiano, um turinês amante do cinema, de nome Lucca Gotta, que patrocinava parte das atividades do novo Cine Clube, ensinou-o a falar, a escrever, a ler e a pensar no idioma de Calvino (1923-1985) e de Pavese (1908-1950).

Página 101...

...da poesia de Cesare Pavese, Leonardo aprendeu em *O ofício de viver* (*Il mistiere di viver*), uma obra crítica sobre a arte, seus processos criativos e o sentido da existência, que a única alegria do mundo é começar. É bom viver porque viver é começar sempre, a cada instante (Pavese, 2004).

Página 145...

...Café Alfredo, Turim, e encontro com Antonella: numa tarde de intensa névoa sobre a Via Roma, ela lhe falaria sobre os segredos e diferenças entre esperar e esperançar. Envolta em uma densa névoa, Turim, naquele inverno, seria um convite à reflexão, ao mistério, à introspecção e ao aconchego. Escutar com emoção a Antonella, com aqueles olhos azuis muito perspicazes, e por entre as persianas do Café Alfredo poder observar a névoa a preencher a Via Roma, seria um dos momentos especiais na vida de Leonardo Dantonn...

Página 156...

...da literatura de Ítalo Calvino, ele compreendeu que toda obra de arte deve ser clara, concisa e, ao mesmo tempo, abrangente, de modo a abarcar uma dimensão ilimitada da vida (Calvino, 2006). Também aprendeu com Calvino sobre engajamento político, mas tanto quanto Calvino – como, também, tanto quanto Antonella –, entendeu, ainda que apenas anos após sua chegada à Itália, que esse engajamento deve ser passageiro, pois a arte não deve deixar-se absorver, subjugar-se e nem contingenciar-se pelos desdobramentos políticos... E como sempre enfatizava Leonardo, a literatura e o cinema são formas de arte...

Página 17...

...poucos meses após o término da graduação, das sessões de cinema e ainda no apogeu do relacionamento com Giovanna, ele foi agraciado com um prêmio especial, oferecido pela Universidade de Turim, para o primeiro colocado num concurso internacional de breves contos, do qual Leonardo tinha participado, sem saber, por intermédio de Giovanna.

Ele, quase que inconscientemente, desenvolvia uma relação de apreço e de afeto com a Itália, em particular com Turim, fosse pelas influências da obra de Pavese, da namorada, e da amizade com o cônsul, mas também e, principalmente, pelo instigante cinema neorrealista italiano. O prêmio oferecido a Leonardo, além de uma medalha e algum dinheiro, representava também a concessão de uma bolsa de estudos para que ele frequentasse um curso de pós-graduação em Cinema na Universidade de Turim. Com essa série de eventos favoráveis, Leonardo logo chegaria a Turim, julgando-se, nem prematura e nem erroneamente, não como o forasteiro da crônica de Calvino, mas como um verdadeiro protagonista do cotidiano Turinês...

Páginas 185, 186...

...Leonardo, amante da boa leitura, e que foi, ao longo do tempo, agregando à paixão aos clássicos antigos, a moderna ficção e as biografias, sofreu forte influência na sua obra cinematográfica, e de escritor, de alguns nomes. Além de Calvino e Pavese, influenciaram-no – e ainda o influenciam –: i) Jorge Luis Borges (1899-1986), escritor, mestre da imaginação, a quem Leonardo sempre diz ser o autor de um dos contos mais impactantes do século XX, "O jardim dos caminhos que se bifurcam" (Borges, 2007). Para Borges, o fundamental é manter acesa a chama da criatividade aliada à imaginação; ii) Pablo Picasso (1881-1973), a quem Leonardo admira a irreverência, a independência e a capacidade de conservar a mente incondicionalmente livre para pensar e agir. A Picasso interessam, mais do que as respostas e explicações, os questionamentos e as interpretações; iii) Rupert Sheldrake, o cientista a quem "o nosso universo é permeado por um campo de memória – chamado de campo mórfico –, que está presente em todo o nosso ambiente e deixa a sua influência em todos os seres animados e inanimados" (Sheldrake, 2009). O campo mórfico conecta, de forma silenciosa, as nossas atitudes e comportamentos a uma rede em que o passado exerce sua contribuição ao nosso desenvolvimento. Para Sheldrake, não é possível desconectar-se dessa rede e alcançar uma ruptura completa com o passado; as grandes rupturas seriam em pouco incondizentes com a verdade evolutiva da humanidade; iv) Vittorio de Sicca (1901-1974), diretor e mestre da arte do cinema. Autor de uma obra prima da história da cultura ocidental, o famoso filme *Ladrões de Bicicletas*, deixou em Leonardo uma mensagem de impacto emocional, aliada a um realismo social e drama pessoal...

II. O Prêmio "Julia Augusta"

Entrevistador da RAI (Radiotelevisione italiana), escritor Luigi Presti: *"Parabéns, Leonardo, pelo recebimento do honroso prêmio 'Julia Augusta'. É, mais uma vez, um prazer encontrá-lo após os tantos contatos que tivemos quando tive a honra de escrever a sua biografia autorizada. Gostaria de fazer, ao início, um breve relato histórico sobre as origens dessa condecoração. Esse é um prêmio entregue pelo governo da província do Piemonte a quem, pela sua trajetória profissional e de vida, tem contribuído de forma notável para o desenvolvimento da humanidade, seja pelo aspecto artístico, cultural ou científico,*

O bistrot e outras histórias

sobretudo, através de obras que estão na fronteira do conhecimento. *Esse prêmio, criado há mais de 2.000 anos, nos primórdios da história dessa província chamada de Comuna Romana 'Julia Augusta Taurinorum', então uma simples comunidade do Império Romano com pouco mais de dez mil habitantes, foi instituído com o intuito de condecorar aqueles que dedicavam suas vidas e conhecimento a bem daquela pequena comunidade.* Séculos se passaram, no entanto, e nada mais se soube sobre esse prêmio, não há registros. Apenas no século XVIII se tem notícia de uma notícia sua, como uma reinstituição, por meio de uma emblemática homenagem ao grande matemático Joseph Lagrange (1736-1813). Desde então, apenas 20 prêmios foram concedidos, e, desses, não mais de meia dezena foi concedida a não piemonteses. Bem, Leonardo, deixe-nos saber, nesta breve entrevista, um pouco da sua história. Serei breve, pois sei que não é muito afeto a entrevistas. Todos sabem um pouco da sua trajetória pessoal e profissional, mas não é muito evidente em que ponto houve uma ruptura de valores até que se tornasse o famoso cineasta de hoje. Outra questão é se a sua atividade política teve enorme influência em suas primeiras obras ou se foi uma passagem rumo a um amadurecimento como cineasta".*

Leonardo: *"Bem, nunca houve, de fato, uma ruptura de valores em minha vida. Nem tampouco o cinema 'neorrealista' italiano, que tanto me motivou a seguir os caminhos do cinema, e da vida, instiga a rompimentos. O Neorrealismo italiano, notadamente o filme de Vittorio De Sicca, Ladrões de Bicicletas, mostra claramente que o ser vanguardista não significa romper com o passado. Há situações, momentos, em que se deve redirecionar caminhos. E isso não significa que em algum ponto de uma nova trajetória não se retorne a antigos valores, sob nova representação, seja de forma sutil, ou até inconsciente. Sempre haverá alguma forma de influência do passado. Não são possíveis rupturas extremas, exceto, talvez, naquelas teorias ideológico-dogmáticas: as mudanças históricas recentes, havidas, sobretudo, no século passado, cuja fundamentação foi meramente político-ideológico, tiveram a marca da efemeridade. Na história, grandes revoluções, como as revoluções francesa e americana, nortearam-se por um vanguardismo intelectual muito avançado e de grande estilo (o Iluminismo, na França, é um exemplo). A revolução americana teve uma espinha dorsal histórica, moral e de costumes muito sólida, aliada a uma série de ideias centradas na razão e em ideais como liberdade individual, progresso, tolerância, fraternidade e governo constitucional. Quanto à atividade política, meramente em meus primeiros anos de Itália, bem, eu diria que foi como uma ponte, ou uma passagem, conectando um destino diverso. Penso que a atividade política foi quase como uma obsessão e ocupou uma parte excessiva das minhas preocupações. Afirmo excessiva* *pelo que eu poderia ter dado de útil: as coisas que parecem distantes da política contam muito mais como influência na história das pessoas e dos países. E tal ponto de vista é compartilhado por muitos. Há poucos dias eu estava a ler uma autobiografia de Werner Heisenberg (1901-1976), um dos maiores cientistas de século XX, cofundador da Mecânica Quântica, a ciência que estuda o mundo do infinitamente pequeno. Ele afirmava que por uma decisão pessoal, que em contrário poderia mudar os destinos da Segunda Grande Guerra, e, talvez, até o futuro da humanidade, ele e outros jovens, personagens marcantes da ciência alemã de então, resolveram, propositalmente, atrasar o desenvolvimento da pesquisa atômica na Alemanha, o que ocasionou o precoce desenvolvimento do projeto Manhattan, a produção da bomba atômica americana, e, 'a posteriori', o fim da guerra (Heisenberg, 2005). Não é possível imaginar o que poderia ter sucedido se a Alemanha de Hitler tivesse obtido o ineditismo do projeto atômico. Decisões individuais como essa têm impacto maior que qualquer outra meramente de ordem política-ideológica. Esses cientistas alemães não eram prisioneiros de nenhuma ideologia política, conseguiram manter suas mentes livres para pensar e agir, ainda que trabalhassem num laboratório importante com financiamento do governo e vivessem numa Alemanha dominada pelo dogmatismo e radicalismo ideológico. Respondendo a sua pergunta – acho que divaguei um pouco –, penso que a minha atividade política, mais do que influenciar os meus primeiros filmes, serviu-me como amadurecimento a uma completude como cineasta, que somente foi alcançada anos depois. E há outra influência nesse amadurecimento, além do Neorrealismo, da história de Werner Heisenberg e dos jovens cientistas alemães que amavam a liberdade: o meu encontro com Antonella, no Café Alfredo, numa memorável tarde, na Via Roma. Aprendi, naquela tarde, que o que nos torna resilientes é poder sonhar livremente, poder definir o que se quer e traçar caminhos".*

Luigi: *"Somente para realçar – espero não tê-lo interrompido –, se nos deslocássemos a, talvez, um plano mais filosófico, e analisarmos além da importância das liberdades individuais, veremos as influências sempre marcantes do passado em toda a trajetória humana. Lembremos que, analisando figuras geométricas perfeitas e suas representações, há muito tempo Heráclito (500 a.C. - 450 a.C.) já afirmara que na circunferência, o princípio e o fim coincidem (Spinelli, 2012). Isso pode ser algo trivial, mas, filosoficamente, é crucial, como, por exemplo, para a discussão sobre a causa e o efeito, ou o começo e o fim. Penso que essa preocupação entre o início e o fim, ou entre o passado e o presente, está sempre imersa em seu trabalho, Leonardo, cuja mensagem vai muito além de mero conteúdo de denúncia social ou política, como você mencionou. Estou certo?".*

Leonardo: *"Sim. Essa assertiva de Heráclito é uma das melhores conjecturas sobre a própria vida.* Isso não significa que caminhemos em círculo. *Significa que passado, presente e futuro têm pontos de interseção e de coincidência, e que acontecimentos ocorridos em tempos diferentes e aparentemente sem influência, podem mostrar uma inesperada sincronicidade. Esse é um dos pontos mais importantes da obra de um dos cientistas contemporâneos mais importantes – Rupert Sheldrake –, para quem existe uma conexão eterna entre o passado e o presente, por meio do que ele chama de Campos Mórficos* (Sheldrake, 2009). *Também é interessante entender que atitudes, às* vezes, aparentemente individualistas e sem preocupação social, *podem ter repercussão no comportamento coletivo. A propósito, é essa a mensagem em uma das minhas obras cinematográficas mais importantes, que tem suscitado polêmicas: "A saga das abelhas", baseada na obra "The fable of the bees: or private vices, public benefits"* (Mandeville, 1989), *escrita no século XVIII, por Bernard Mandeville (1670-1733). Obra polêmica, que deixou marcas no pensamento iluminista".*

Luigi: *"É importante, a este ponto, mencionar, Leonardo, que "A saga das abelhas" representou um marco no cinema italiano. Tanto quanto acontecia com os mestres do Neorrealismo, você também conseguiu conciliar uma grande dose de intensidade emocional ao rigor estético, e os dilemas simples do cotidiano às grandes discrepâncias de ordem social. Ainda, deixou a mensagem de que as liberdades individuais sempre se sobrepõem às questões programáticas e podem, mesmo que isso possa parecer contraditório, influenciar comportamentos coletivos".*

Leonardo: *"Sim, essa é a marca do emblemático livro de Mandeville, escrito no século XVIII, e cujas mensagens tentei associar aos dramas cotidianos. Em resumo, "Saga das abelhas " trata-se de uma ideia bem narrada, de que as ações dos indivíduos humanos que vivem em sociedade, ainda que sejam ditadas por um cálculo egoísta, produzem efeitos que ultrapassam a esfera dos interesses imediatos. Não se trata de afirmar que todos saem ganhando quando cada um desconsidera os demais, mas essa insensibilidade geral é condizente com o interesse da ordem pública. É uma ideia poderosa, em princípio até um tanto paradoxal. Mandeville, em seu extraordinário livro, mostra como essa ideia alicerça avanços no coletivo e no comportamento humanos, e pode alterar a própria condição humana. E cita vários exemplos, traça paralelos: as leis e o governo representam, por exemplo para os corpos políticos das sociedades civis, aquilo que os órgãos vitais e a própria vida representa para os corpos* *naturais das criaturas animadas; os órgãos principais e as estruturas delicadas, que são mais imediatamente necessárias para manter o movimento do nosso corpo, não são os ossos duros, nem músculos e nervos resistentes, nem a pele branca e lisa que tão bem os cobre, mas, sim, membranas pequenas e tênues, e canais estreitos, que, ou não são notados, ou parecem desconsideráveis ao olhar corriqueiro. Aquilo que não é percebido e que, talvez, a princípio, nem tenha tanta importância, de fato, é o que é mais importante para manter a nossa estrutura corporal dinâmica".*

Luigi: *"E retornamos, talvez, a um ponto passado, corroborado consistentemente por seus últimos filmes, de que mais do que a rotina competitiva do cotidiano, das preocupações e das teorias político-ideológicas, o quão é importante na vida o aparentemente sem importância e as liberdades individuais".*

Leonardo: *"Esse é um pensamento de Bertrand Russell (1872-1970), exposto em algumas das suas obras, sobretudo na obra "The conquest of happiness" (Russell, 2015). Esse pensamento já tinha um alicerce poderoso em Mandeville. Portanto, o que deixo como mensagem no filme A saga das abelhas é o caráter 'mágico' e indutor no desenvolvimento de qualquer sociedade, quer das coisas de conotação puramente individualista, quer das aparentemente 'sem importância'. O que é 'sem importância, no dia a dia poderia ser entendido como a conversação despretensiosa entre amigos, ou o assistir a um bom filme ou a uma partida de futebol da Juventus de Turim, aos domingos, ou o compartilhar um jantar em boa companhia, ou, simplesmente, antes de iniciar-se mais um dia de trabalho, o tomar um café no bar da esquina e trocar algumas palavras com o dono do bar, ou, então, emitir um elogio à bela moça que o atende rotineiramente na mercearia. Chegaríamos, sem o querer, e, paulatinamente, à própria essência da vida ou do que significa a própria condição humana".*

Luigi: *"Leonardo, a menção a Juventus, além de descontrair a entrevista, nos conduz a um ponto derradeiro desse breve contato. No momento de nos despedirmos, falemos sobre Turim, já que parece ser difícil dissociar Turim de Juventus. Sei que isso aflorará suas emoções, uma história de vida. Turim é uma cidade que nos incita ao rigor, ao linear, ao estilo e à lógica, mas, para outros, como você, incita à reflexão, ao aflorar de emoções contidas. Sabemos que, por várias vezes, você declarou uma grande veneração, ou até mesmo uma grande paixão, por esta cidade. Penso que se entendermos o que representa Turim, compreenderemos toda a dimensão de sua obra, Leonardo. O que lhe representa Turim?".*

III. Turim,
ou um entrelaçado de emoções e perguntas.

Leonardo: *"Caro Luigi, certa vez perguntei a Pablo Picasso, a quem casualmente encontrei quando em viagem a 'San Raphael', por que ele não gostava dos computadores. Ele respondeu que não só não gostava como também, na sua visão de vida, eles não serviriam para nada, pois eles apenas nos dão respostas. Penso que para explicar o meu sentimento por Turim não consigo não me lembrar de Picasso, pois Turim é uma cidade que sempre me suscitou inúmeras perguntas e poucas respostas. Refletindo com mais vagar... Bem, tentarei – não sei se conseguirei – responder, ou, se não for capaz, pelo menos deixarei algum vestígio para que outros consigam. Há dois episódios na minha vida que, talvez, ajudem a interpretar o que possa representar Turim. Logo que aqui cheguei, durante um passeio dominical sob os pórticos da Via Roma, um amigo de nome Aldo me disse que 'para ver, sentir e entender Turim seria preciso apreciar suas belezas silenciosas e sutis, passeando pelas suas ruas, avenidas e colinas'. Décadas depois daquele passeio com alguém que viria a se transformar no meu melhor amigo por décadas, não encontro melhor colocação sobre Turim. E foi passeando pelas suas ruas e avenidas, seja a pé ou de bonde, ou me deslocando até as colinas e conversando com a gente simples, de coração e sabedoria grandiosos, que passei a sentir e a absorver Turim. Um segundo acontecimento está ligado a outro encontro com Antonella, não àquele encontro no Café Alfredo numa tarde-noite de forte névoa, citado na minha biografia, mas anos após, um encontro casual no Parque do Valentino. Ela estava por concluir a sua tese de doutorado em Filosofia da Matemática e lhe solicitei que me dissertasse brevemente sobre o tópico central das pesquisas dela, ao mesmo tempo em que caminhávamos, conversávamos, trocávamos confidências, sorríamos e nos deleitávamos com histórias de um período que, pelo menos para mim, não parecia tão distante. Passamos, então, perto de uma estátua portentosa, e ela interrompeu o passeio bem em frente à estátua. Eu lhe perguntei por que tinha interrompido a caminhada e o que representava aquela estátua para ela, uma estátua tão garbosa e imponente. E ela me respondeu (as palavras dela eu não esqueço!): 'Leonardo, essa estátua representa um dos grandes nomes da ciência de todos os tempos, um matemático e físico chamado Joseph Lagrange. Turim é a cidade em que nasceu Lagrange. Há mais de 200 anos ele formulou um dos princípios mais controversos e emblemáticos da ciência, o 'Princípio da Mínima Ação', que parte de causas finais (o que vai acontecer, um estado do futuro), para explicar a evolução do presente. Ou seja, parte-se de um contexto futuro para se avançar no presente. Seria como afirmar que as causas do que acontece hoje estão no amanhã. Ele encontrou equações matemáticas bem complexas, que identificam os caminhos menos sinuosos, com o menor desequilíbrio energético que os corpos e sistemas devem percorrer em sua trajetória evolutiva rumo ao futuro (Goldstein; Poole; Safko, 2001). Esse caminho, para muitos filósofos e homens de ciência com quem conversei – esse tema tem sido objeto de pesquisas e de minhas indagações por muitos anos –, pode ser o misterioso 'Caminho Perfeito' da filosofia e sabedoria oriental, presente como cerne do Taoísmo. Qualquer outro caminho que se percorra em direção ao futuro que não seja aquele governado pelo 'Princípio da Mínima Ação', seria um caminho tortuoso, sujeito a perturbações, a perdas de energia útil. Filosoficamente, Leonardo, esse princípio pode significar que não é por qualquer meio que se chega ao final de um processo evolutivo'".*

Luigi: *"Bem, prezado Leonardo, não desejando uma vez mais interrompê-lo, mas... O nosso tempo está se esvaindo. Vittorio de Sicca, certa vez, ao ser indagado sobre Roma, também não conseguiu responder, e apenas nos deixou perguntas! Será que você também não o consegue? O que pode lhe representar Turim, caro Leonardo Dantonn? Repito que para termos um entendimento em completude da sua vasta obra seria fundamental uma interpretação sua sobre Turim...".*

Leonardo: *"Luigi... Turim será o Café Alfredo, onde, num domingo já perdido nesse emaranhado da vida e do tempo, os olhos azuis de Antonella se mesclaram com a névoa que tomava os pórticos da Via Roma? Ou é a cidade das colinas suaves, onde se pode encontrar a boa gente, plena de camaradagem, de hospitalidade? É a 'Casa do Jovem Operário', pioneira numa Europa destruída pela guerra e que abrigava jovens cansados, vindos de um Sul miserável, em busca de vida, trabalho e sonhos? É a cidade onde, também de forma inédita e após a Primeira Grande Guerra, operários se organizaram como classe dirigente e criaram as primeiras cooperativas? É o lugar onde há um sentimento de participação neste vasto mundo que se move e que não se fecha numa província, e onde o prazer de viver, temperado com ironia e bom humor, se mescla com a inteligência bem clarificada, lógica e racional? É a cidade onde se consegue escrever, e é convidativa à leitura, porque o passado e o futuro têm mais evidência do que o presente, dando completude às discretas e ordenadas imagens de hoje? É a cidade do Rio Pó e da névoa constante? É a cidade dos bondes que ainda hoje percorrem suas ruas e avenidas? É a cidade de linhas geométricas perfeitas, herança de um passado romano, dos tempos do imperador Augusto, da **Julia Augusta Romana**? É o lugar onde senti o infinito se encontrar com o tempo musical ao escutar, no som mágico de um piano, o 'Clair de Lune, de Debussy, durante um passeio dominical pelas colinas? Ou, talvez, seja apenas a cidade onde é importante deixar-se absorver por* *interesses (aparentemente) totalmente irresponsáveis, como o assistir a um bom jogo de futebol? Ou será a cidade onde após uma das tantas vitórias da Juventus, eu, Aldo, Loretta e Anna, ficamos a comemorar e a conversar por toda a noite no bistrot Valentino, do 'Corso Vittorio Emanuelle'? Ou, quem sabe, é a cidade onde Tullio Regge (1931-2014) ensinava, ali, no Instituto Di Física do 'Corso Massimo D'Azeglio', os segredos do nosso universo? Ou, é Turim, simplesmente, o 'Portal dos Alpes' e dos múltiplos caminhos que levam a Courmayeur, Chamonix e Genebra?*

Bem, caro Luigi, penso que essas coisas todas são apenas elas mesmas e têm um significado muito especial, e pessoal, para serem também Turim. Eu precisaria ser conciso, inspirar-me um pouco nos grandes mestres Calvino e Borges – não é tarefa das mais fáceis, é quase impossível... – mas, assim mesmo, tentarei definir Turim, ou o que a representa! Turim é o que eu não disse, o inominável, o local onde o futuro orienta o presente, dando concretude e sentido à organizada vida de hoje, e estabelecendo uma perfeita sinfonia entre o hoje, o amanhã e o passado romano. É a cidade das causas futuras tanto quanto o é o enigmático 'Princípio de Lagrange'. É o local de encontros e reencontros, nunca de desencontros".

O bistrot

Uma vida simples e silenciosa traz mais alegria e felicidade do que a busca incessante do sucesso em um constante desassossego.

(Albert Einstein, em 1922, escreveu a mensagem e a entregou a um mensageiro de hotel em Tóquio)

Uma metáfora do cotidiano

Trazida pelo cansaço e pelo tempo, uma rotina pouco intuitiva tomava conta dos dias de Louis Bremmon, engenheiro comercial de uma renomada companhia aeronáutica francesa, 35 anos, apaixonado por livros e leitura. E como num reflexo das emoções e das inquietações postas pela condição humana, pela vida e seus personagens, Bremmon, outrora, quando ainda adolescente, sonhara ser escritor. Amante que era das gravuras, dos desenhos, das pinturas, das cores e das visitas às pinacotecas e aos bistrots, em uma Paris de então que inspirava humanismo e o pleno amor pelas artes, Louis também pensara em, talvez, seguir adiante na vida como um desenhista, um pintor.

No entanto, por mais insensato que possa parecer, por uma dessas metáforas da vida, hoje, o emotivo Louis se dividia entre o trabalho num escritório de representação da empresa – próximo a um renomado bistrot parisiense –, e as sempre muitas e quase ininterruptas viagens pré-agendadas com clientes ao redor do mundo. As muitas horas de espera em aeroportos e a mesmice no lidar com o cotidiano dos hotéis, com os enfadonhos educados atendentes – todos com os mesmos sorrisos –, com a contumaz presteza das belas camareiras e a aborrecida indiferença da maioria dos hóspedes, pouco a pouco lhe deixavam uma sensação de vazio, inutilidade e inquietude.

Para fugir da rotina, uma agendada viagem à África do Sul (Cape Town), agora sob um novo governo, foi cancelada pela sua empresa em cima da hora, com uma justificativa nada usual: *"Uma empresa sólida e atuante num mercado competitivo deve atualizar-se e saber situar-se a ponto de não perder espaço num mercado global, a despeito de quaisquer mudanças e indefinições políticas a partir da eleição de um novo presidente"*. Quando se está numa situação de final de negociação de contratos em longo prazo e há uma brusca mudança política com estabelecimento de outras prioridades, *"é necessária uma flexibilização diplomática, política e, quiçá, até um realinhamento mercadológico e tecnológico, para não haver uma perca de mercado"*, pensou Bremmon. Mas não era apenas isso. Havia, também, algo que incomodava a Bremmon e que se tornava uma rotina num ambiente competitivo em que não se admitia perdas de mercado para concorrentes: a flexibilização moral e ética e a perda de escrúpulos. E, então, como há muito não ocorrera, Bremmon se encontrou numa situação de estar com uma folga de três meses em sua agenda de trabalho.

Começou a ler alguns livros que há muito o esperavam, a passear por Paris sem a habitual pressa, a escolher com vagar, na padaria da senhora Marie Matiè, qual o melhor *croissant* para ser apreciado ao final de tarde daquele que parecia ser um prenúncio de um frio e chuvoso outono. E, para a sua surpresa e felicidade – sem que nem sequer a vislumbrasse fora do seu cotidiano –, descobriria que ser feliz é um estado de vida meio que inesperado, nunca planejado.

E se havia algo que sequer tenha pensado em fazer por um longo tempo, passou a frequentar um famoso bistrot, aquele próximo ao trabalho e não distante da sua residência, que lhe era familiar em outro tempo, e por lá descobriu por agora que o que aparentemente é, se tanto, um descompromissado lazer sem alguma importância na dinâmica de vida de um executivo internacional, pode instar a sentimentos adormecidos, a valores até então ocultos – uma volta ao começo? –, naquele modo encaracolado de uma vida sem brilho e previsível.

No bistrot: Mari e eu?

> Alice: *"Quanto tempo dura o eterno?"*.
> Coelho: *"Às vezes, apenas um segundo!"*.
> (*Lewis Carroll*)

Um extemporâneo e velado desejo de sossego aliado a uma fuga de rotina levou Louis Bremmon, num curto período de sua vida, a ser novamente assíduo em cafeterias e bistrots, notadamente o Bistrot Paris, que sempre fora o seu favorito. Inicialmente, ele passava por lá pelas manhãs, sentava-se todos os dias no mesmo lugar, acomodava-se, retirava do pulso um relógio

O bistrot e outras histórias

Rolex, deixava-o sobre a mesa para não perder o horário – um velho hábito para quem não tem o tempo como um aliado – tomava um café, às vezes acompanhado por um *croissant*, para logo depois, já saciado, deixar o local sem sequer olhar ao redor, sem interesse por conhecer melhor o ambiente e, eventualmente, compartilhar alguma despreocupada conversa matinal.

Entretanto, com o passar dos dias, começou a permanecer no bistrot por mais tempo, e a olhar melhor para os que o frequentavam. A princípio reparava nas pessoas, mas não as observava com mais vagar, interessando-se por elas sem o desejo de fixar-lhes as feições ou perscrutar alguma manifestação de temperamento. Reparou que um indivíduo, cujo aspecto não o interessou a princípio, era assíduo no bistrot, e os seus horários coincidiam.

Pouco a pouco, no entanto, apesar de toda aparente apatia que se mostrava no outro frequentador, Bremmon, por curiosidade, passou a observá-lo mais atentamente, a interessar-se pela sua figura e feitio. Era um homem que aparentava uns 65, talvez 70 anos – ou até um pouco mais –, alto e um tanto curvado exageradamente ao caminhar. Trajava-se com certo desmazelo, sem ser de todo desmazelado. Tinha um belo semblante, mas que deixava transparecer angústias, quiçá até frustrações e privações, e certo desprendimento que parece nascer daqueles que sofreram.

Ele sempre portava, numa das mãos, um jornal dobrado, que quase nunca era aberto, e na outra mão, um cachimbo, que raramente era usado; eles eram deixados sobre a mesa que viria a ocupar. Isso parecia ser um hábito antigo e como quase todos os pequenos hábitos, de pequenas coisas, denotava pouco apreço pela novidade, por mudanças nas perspectivas de vida.

Apesar de observá-lo quase todos os dias, Bremmon ainda não se sentia à vontade de aproximar-se e iniciar alguma conversação. Mas isso sequer foi necessário que ele o fizesse. Mari o fez.

Outra assídua cliente do bistrot, que depois ele soube chamar-se Mari, também começou a chamar sua atenção. Eles chegavam quase no mesmo horário, e com assiduidade sentavam-se sempre bem próximos de modo que a qualquer deles era possível escutar o que o outro diria no falar ao telefone celular e, na eventualidade de iniciar-se alguma conversação com algum outro frequentador do bistrot, saber sobre o que ali se conversava.

Mari chamou atenção de Bremmon pelo jeito afável e descompromissado, mas sem que isso parecesse de todo relaxada, pois mostrava estar, às vezes, até demasiado concentrada ao escrever ou a digitar algum texto no computador, bem característico daqueles que buscam cumprir com determinação algum objetivo, mas sem a naturalidade dos que simplesmente buscam, apenas por buscar, seguindo suas percepções e intuições.

Mari era alegre, jovem – tanto quanto Bremmon –, uma formosa mulher. E sempre chegava carregando muitas coisas numa das mãos, e na outra arrastava uma mala com rodinhas, daquelas bem apropriadas para que o peso do conteúdo se dissipe e o arrasto seja suave. E tinha sempre muitas coisas na mala. Ao sentar-se, levava um tempo para se acomodar até conseguir retirar tudo o que ali trazia: livros, cadernos de anotação, um notebook, canetas, lápis...

E sucedeu que num belo e frio final de tarde, bem característico dos outonos de Paris, o curioso frequentador que já tanto instigava Louis, entrou no bistrot e à procura de um lugar para sentar-se, ao passar próximo a Mari, solicitou se poderia sentar-se numa das cadeiras desocupadas à sua mesa. Não havia mais no recinto nenhuma mesa individual com disponibilidade de assentos.

— *Senhorita, posso sentar-me? Não há outros assentos disponíveis* — alegou o frequentador.

— *Sim* — disse a senhorita. — *É um prazer. Eu me chamo Mari. Desculpe-me pela desordem, mas estou a concluir a minha tese de doutorado e não há como não ser desorganizada, afinal, sou uma artista — uma saxofonista —, e também professora de Letras* — concluiu a simpática e cativante Mari, como se estivesse procurando iniciar uma conversação com o taciturno e inesperado acompanhante.

E após algum tempo, como o acompanhante continuava mudo...

— *Se me permite perguntar, qual é o seu nome senhor* — indagou Mari.

E ele respondeu, mas a um tom quase inaudível. Bremmon, ao lado da mesa agora ocupada por Mari e o inesperado frequentador, não conseguiu escutá-lo.

— *E se me permite senhorita Mari, sobre que assunto trata a sua tese?* — arguiu o frequentador, tentando ser um pouco sociável, sentindo-se um pouco mais à vontade.

— *Trata do Anel de Nibelungo, senhor carrancudo... Se me permite assim chamá-lo* — disse Mari, sorrindo, quase gracejando, procurando animar um pouco o nosso taciturno personagem.

— *Pode me chamar como quiser, senhorita. De fato, sou muito fechado, pouco sociável... Nem sempre fui assim, porém, acabei por me moldar com o passar do tempo. Mas que assunto portentoso, instigante sobre o qual tem trabalhado, senhorita Mari. No passado estudei um pouco de Mitologia Nórdica, numa época da minha vida em que as muitas leituras eram a própria essência do meu dia a dia, e ao que me lembro, senhorita, deixe-me recordar...* — e após uma pequena pausa — *O Anel de Nibelungo foi um Anel Mágico forjado, se não me engano, por alguém que era o senhor dos Nibelungos, um povo das neblinas, após roubar um tesouro do fundo do Rio Reno. Esse anel daria ao seu portador poder e maldição. Estou certo? Ou estou a falar algo meio descabido, traído pela memória, pelos anos, encantadora senhorita? Nem sei se posso tratá-la assim. Desculpe-me* — completou, um tanto desajeitadamente, o senhor carrancudo.

— *Não, de forma alguma, embora ache o elogio exagerado. Mas sinta-se à vontade... Quanto ao Anel de Nibelungo, o senhor está certo em relação à Mitologia Nórdica, aos Nibelungos, ao roubo do tesouro, ao poder e maldição do Anel. A sua memória ainda não o traiu, senhor carrancudo. Mas a minha tese, versa sobre a maravilhosa – e eterna – ópera épica do compositor alemão Richard Wagner (1813-1883), intitulada* Der ring des Nibelungen, *ou, traduzindo,* O anel de Nibelungo. *Wagner – essa é minha interpretação – deu forma à maldição nórdica do anel, consubstanciando-a aos elos que aparecem e nos aprisionam ao longo da vida. Por exemplo, um político parece estar sempre anelado pela política, um acadêmico pela academia, o economista pela economia. Nenhum deles pode ser considerado livre.*

E a bela senhorita continuou falando durante algum tempo sobre os elos da vida, sobre cada uma das quatro etapas que compõem o ciclo completo da grande ópera de Wagner, e como cada uma delas se insere no hoje e, certamente, no amanhã.

— *Se me permite interrompê-la, senhorita, não lhe parece que essa sua linha de pesquisa que configura a sua tese, apresenta-nos a vida como uma enorme teia de emaranhados que nos privam de liberdade?*

— *Não. Deixe-me concluir, senhor apressado!* — Risos, muitos risos de ambos. — *A ópera* Der ring des Nibelungen *representa, como já lhe falei, um ciclo de quatro óperas, num total de quase 15 horas. Wagner levou mais de 26 anos para concluí-la. É preciso estudar com muito afinco, profundidade e discernimento todo o ciclo e o contexto em que foi preparada. O que passei há pouco é apenas um pequeno resumo interpretativo. Há, nessa ópera, muitas outras nuances, premissas, enganos propositais, poucas respostas, muitas perguntas, interlúdios para reflexão e outras interpretações que, talvez,* não serão alcançadas pela minha tese. *Mas assim é com toda grande obra, seja literária, poética ou teatral. Obras desse porte são – ou deveriam ser – mais interpretativas, intuitivas e menos explicativas. Há*

Manoel Borgè

uma grande diferença entre explicar e interpretar, senhor carrancudo. Concorda comigo? O que posso dizer-lhe, no ponto em que estou, é que, diferentemente de Nietsche (1844-1900) e Schopenhauer (1788-1860), que são pessimistas em relação à vida (Scruton, 2007), *Wagner é otimista* (Scruton, 2007). *Em sua obra há uma Ode à vida, e ainda que em muitos pontos de todo o ciclo da ópera isso pareça ser extremamente sutil, de difícil percepção, há um otimismo trazido ao nosso viver, resgatado pelo amor* — concluiu a encantadora senhorita Mari.

— *Tudo me parece portentoso, encantadora senhorita. Concordo plenamente em relação ao que colocou sobre explicações e interpretações. Na minha vida,* há tempos atrás, *fiz escolhas um tanto em dissonância com minhas inclinações e talentos. Deveria ter me deixado levar mais pela intuição e menos pelo apelo do mercado de um promissor salário. Acabei por optar por trabalhar em uma atividade de vertente tecnocientífica, (me aposentei há pouco) ainda que com forte inserção em programas de desenvolvimento tecnológico das nações, notadamente aquelas em desenvolvimento. Mas como lhe disse, tudo isso contrasta com o meu ser: gosto de ler, de interpretar o texto de uma obra de ficção, analisá-la intuitivamente, assim como a uma obra musical, a um quadro de pintura. Li, há pouco, "Júlio César", de William Shakespeare (1564-1616), e a leitura e interpretação que fiz agora é muito diferente daquela que fiz quando, ainda adolescente, li a obra pela primeira vez; hoje, por exemplo, percebo claramente que a conspiração – se de fato existiu – para o assassinato de César pode, em verdade, ter sido menos uma conspiração e mais uma indução, um reflexo da forte personalidade de Cassius no jovem e nobre cidadão Brutus, que cometeu o assassinato* (Shakespeare, 1991). *Apenas isso, e nada além disso! Essa interpretação que fiz contradiz teorias conspiratórias sobre esse tema. E se o caminho é esse que escolho para interpretar Júlio César, ter-se-iam alguns temas profundos novamente em discussão: como ficaria, por exemplo, o "Princípio filosófico da individuação", não presente, por exemplo, na obra de Espinosa (1632-1677), numa questão como essa? Onde estaria o ser livre, a individualidade? No caso das realizações imortais, certamente, as explicações, sejam científicas ou filosóficas (quando houver alguma, por razoáveis que sejam), pouco podem ter de substanciais para um melhor entendimento da obra. A interpretação tem um valor intrínseco, fundamental, e a Arte entra no contexto de auxiliá-la. Para Schopenhauer, a Arte* não é só um contraponto ao pessimismo do filósofo, mas uma extensão desse *pensamento, da própria natureza, valorizando-a para além do utilitarismo da ciência* – completou o sisudo senhor.

— *Mas há muito pessimismo da sua parte, senhor carrancudo. Concordo que Schopenhauer situa-se na história como o filósofo que elevou a Arte a uma categoria suprema, enxergando na contemplação desinteressada um modo muito eficaz, muito particular – embora apenas momentâneo – de libertação do sofrimento existencial. Mas faltou, em toda obra dele, sublimar o Amor. É o Amor que me chamou atenção na obra de Wagner. Bem, deixe-me fazer uma pequena colocação, se me permite...* O senhor poderia, a partir de agora, aposentado, seguir com suas inclinações, recuperar o tempo perdido. Tem muito conhecimento armazenado e ideias bem interessantes... Não será assim tão difícil encontrar, ou reencontrar, o seu caminho — disse Mari, um tanto surpresa com a desenvoltura e o conhecimento do carrancudo.

— *Senhorita Mari...* — o senhor carrancudo fez uma pausa; na verdade, uma longa pausa, e continuou: — *Olhando logo à direita de onde estamos, encantadora senhorita, algum tempo atrás havia uma bela avenida plena de árvores e de flores junto aos seus canteiros. Havia uma cidade que nunca esqueci, mas não há mais, ou, se ainda há, eu não mais a vejo, não mais a sinto. Hoje há prédios demais, há gente demais. Sempre ficávamos numa daquelas mesas, eu e alguns amigos, bem próximas à entrada de onde se vislumbrava toda a avenida e sentia-se o pulsar da cidade. A elegância das mulheres era algo inspirador. E confesso que, muitas vezes – isso pode até parecer um tanto tolo dizer –, estávamos ali simplesmente para escutar os passos que se aproximavam e se distanciavam ao longo da imensa avenida, ou a observar o sol se escondendo, as luzes se acendendo, e escutando alguma canção no ar... Houve um tempo, senhorita, que se escutavam canções, ainda que distantes, mas, hoje, com o barulho incessante dos carros demais, da correria demais, de todo o demasiado da vida e da sua toda insensatez, não mais as escuto... E nós ali, naquelas mesmas mesas, senhorita, alegres e jovens, e como sabíamos que era terno o viver!* — concluiu o senhor carrancudo.

— *Tudo ainda está ali, senhor melancólico. As luzes se acenderam há pouco e ainda se ouvem passos que se aproximam e se distanciam, talvez agora um tanto mais apressados e mais intensos, mas os passos ainda estão ali, e os escutamos. E posso também escutar, num outro bistrot aqui ao lado, um leve acorde ao ritmo de um suave jazz, por sinal, um ritmo além de qualquer tempo e lugar. A avenida está ali, onde sempre esteve, talvez com menos canteiros de outrora, mas sem perder o charme e o frescor de antes apesar do intenso movimento, mas...*

— *Senhorita, pode estar tudo no mesmo lugar, mas em outro tempo. Perdoe-me por interrompê-la. Tudo o que acontece nas nossas vidas ocorre em um determinado tempo e lugar. Vivemos no Espaço-Tempo (Feynman, 1999). Espaço e tempo são inseparáveis, o "Espaço-Tempo" de Einstein (1879-1955). O que eu vivenciei há tanto tempo ficou perdido no passado. O tempo fluiu, não estacionou. Há um ditado dos índios americanos que talvez a ajude a entender melhor: "Nunca se atravessa o mesmo rio duas vezes". Assim, encantadora Mari, jamais vivenciaremos um mesmo evento duas vezes* — disse o senhor melancólico.

— *Senhor, o tempo de Einstein, ou melhor, o Espaço-Tempo de Einstein, é uma invenção da nossa consciência, e não deixa de ser um tempo cronológico. Nosso inconsciente, entretanto, é capaz de se locomover para o passado e para o futuro, rompendo elos no espaço e no tempo. E o tempo não é tão implacável assim e nem flui sem parar. Essa é a concepção científica clássica do tempo. Esse fluir do tempo pode ser aplacado – a quietude detém o tempo. É como se a eternidade do presente possa ser alcançada numa "demora contemplativa", em que o curso do tempo é superado. E foi Espinosa, que bem à frente da sua época, e talvez ainda à frente da nossa, quem primeiro refletiu sobre essa eternidade do presente: "O espírito é eterno na medida em que concebe as coisas na perspectiva da eternidade"* — disse a senhorita Mari.

— *Bem, eu não tenho como discordar da senhorita que, além de jovem e encantadora, é também muito perspicaz e inteligente. Mas agora tenho que ir* — disse o senhor carrancudo. E aprisionado por seus elos, estereótipos e receios, olhando insistentemente ao relógio, ele reproduzia, um tanto sem querer, hábitos de uma vida previsível. E levantando-se da cadeira, novamente repetiu:

— *Senhorita, tenho mesmo que ir. Desculpe-me. O encontro foi agradável. Talvez, até possamos nos rever outra vez. Boa noite! Encantado* — disse o carrancudo, despedindo-se, ainda que desejasse ficar, sem saber bem o porquê de ter mesmo que ir.

— *Senhor... Está esquecendo o seu relógio. Deixou-o sobre a mesa* — falou a senhorita Mari, levantando-se para entregá-lo, pois o carrancudo se levantara e já caminhava em direção à saída. — *O senhor o consultou o tempo todo. Desculpe se o fiz perder algum compromisso. Estou até envergonhada, Aí está o relógio...* — completou a senhorita Mari.

— Não, *senhorita Mari, não tenho compromisso algum. O tempo e a vida é que têm lá os seus caminhos. Talvez eu os tenha perdido. A senhorita é, de fato, encantadora... Não se sinta constrangida. Até mais ver. Boa noite...* — despediu-se mais uma vez, desejando ficar.

O senhor carrancudo passou próximo de Bremmon, que também se levantara, como se desejasse criar alguma circunstância, um esbarrar ou algo falar, e, assim, aproximar-se de si mesmo. Mas Bremmon

O bistrot e outras histórias

recuou, pois sabia que jamais teriam ele e o sisudo frequentador de defrontar-se com as exigências da vida, da sociedade e das conjunturas do cotidiano e do tempo, e se furtariam até as próprias exigências das suas curiosidades e revelações.

Beyond Moutier

(uma singela homenagem ao gato Natilus)

> *Mas o que é a verdade? Disse gracejando Pilatos, que não esperou pela resposta.*
> *(Francis Bacon [1561-1626], "Ensaios")*

> *O amor é a verdade.*
> *(Renato Russo [1960-1996])*

Paris, verão de 2000, 21 de agosto

"*Paris-Veneza: o trem partirá, rumo a Veneza, às 9 horas, da Gare de Lyon. Seguirá, como sempre o faz, por entre suaves colinas, vinhedos, bucólicos vilarejos, montanhas. Adentrará em cidades plenas de história (um passado que é presente e será futuro), e chegará à milenar Veneza antes do poente*", escrevi, cheio de expectativas, numa velha agenda que sempre me acompanha na rotina diária e nas viagens.

Recentemente imaginada e planejada, essa viagem tinha quase me reativado esperanças em relação a Evie. Era uma tentativa de, talvez, renovar sonhos, expectativas, e reativar um pouco das peripécias juvenis, próprias de outro momento da vida e esquecidas ao longo do tempo. "*Esquecidas? Talvez, não*", escrevi de novo na velha agenda.

Evie foi uma namorada dos meus tempos de estudante universitário em Paris, e fortuitamente eu a tinha revisto há duas (ou três?) semanas, num Café próximo à Éditions *Gallimard*, onde trabalho como revisor e editor associado. Ela sempre foi um tanto surpreendente, " descompromissada" com horários e atitudes. Estudante de Artes Plásticas (hoje ela é uma artista de teatro), Evie parecia sempre estar a interpretar papéis em cada decisão de vida, ou mesmo nas coisas mais triviais e banais do dia a dia, como em vestir-se com uma roupa e exibir um penteado da moda ao dirigir-se à cafeteria da esquina para um café matinal e, meia hora depois, aparecer totalmente diferente nas vestimentas e no penteado ao pegar o metrô.

Ela era assim: cheia de surpresas e de novidades, em qualquer tempo e lugar, e sempre disposta a brincar com o tempo, com a vida e até com o bom senso comum. Olhei, uma vez mais, no relógio, e percebi que tomaria o trem em pouco mais de uma hora. Esperei por Evie, mas agora sinto que ela não mais viria. *"O tempo tem lá as suas bifurcações e o nosso momento talvez tenha em definitivo se perdido"*, escrevi de novo na velha agenda. Seja como for, uma viagem a Veneza, acompanhado ou sozinho, é sempre um convite à reflexão e a um renovar de valores como o belo, a estética, a harmonia. E eu teria ainda um caminho longo para chegar à *Gare de Lyon*.

Fiquei meio que transtornado por essa frustrante espera e me atrasei. Coloquei rapidamente poucas coisas numa maleta e saí às pressas. Pouco antes de apanhar o elevador, lembrei-me dos livros; eles sempre me acompanham. Retornei ao apartamento e fortuitamente apanhei, em meio a tantos outros da minha estante, um livro de contos, de Jack London (1876-1916), e um livro de pensamentos e memórias do imperador romano e filósofo, Marco Aurélio (121 d.C. - 180 d.C.), um livro que tinha sido, em outro tempo, como um livro de cabeceira, mas que há muito não consultava.

Desci as escadas correndo e, finalmente, cheguei à estação de metrô. Já no trem do metrô, reparei que na maleta havia mesmo só o indispensável. Dessa vez pegara muito pouco. Senti-me como aquele personagem Robinson Crusoé, do livro homônimo (Defoe, 2012), que, náufrago numa ilha distante, deparou-se com o quase nada que lhe havia restado após o naufrágio.

Sentou-se ao meu lado um jovem casal. Trocavam palavras carinhosas, de um jeito muito especial, pleno de intensidade e amor. Esse casal falava muito sobre viagens que poderiam fazer juntos, trocavam afetos. Ela, ao que parece, preferia o mar, ele, as montanhas. Ao fim, concordaram que as montanhas talvez lhes trouxesse mais intimismo, paz, e naquele momento era para onde iriam. Eles portavam uma pequena mala de viagem.

Fiquei distraído, escutando o que falavam. Havia, também, sentada num banco mais próximo da saída traseira do trem, uma mulher, sozinha, entretida numa leitura do *La Monde*. Lia e relia sempre a mesma página, que parecia ser a página econômica, e não se deixava mostrar o rosto. Havia outros poucos passageiros naquele vagão, mas não chamavam tanto a atenção, exceto um grupo de jovens escolares, felizes, a cantarolar alguma canção (parecia ser uma espécie de ode à primavera).

O céu em Paris estava totalmente azul e a previsão era de muito calor ao longo do dia. Depois de certo tempo, finalmente, o metrô parou próximo a *Gare de Lyon*. Sem perceber, intuitivamente, ao entrar na estação, ao invés de caminhar rumo à plataforma e apanhar o trem para Veneza, caminhei até a bilheteria e verifiquei no painel ao lado que havia outro trem que partiria também, em pouco tempo. Destino: Suíça, com parada final em Zurich, e várias paradas intermediárias em cidades como Berna, e outras cidades bem menos conhecidas, tipo vilarejos, de nomes como Châtillon, Roches, Moutier... Sem hesitar, quase que por impulso, acabei por comprar o bilhete que me levaria a Suíça.

Pensei, já no trem a caminho do novo destino, quão, às vezes, intrigantes são os caminhos da vida. Há pouco mais de uma hora sonhava com Veneza, com Evie, com a sempre bela viagem Paris/Veneza (a viagem do amor, como eu e Evie a chamávamos). Agora, viajava para a Suíça. Apanhei no bolso o livro de Jack London e o mantive por algum tempo entre as mãos, sem folheá-lo, vencido pelo cansaço e reflexões. Refleti que, num contraponto à rotina, Jack London fornece um manancial rico em imaginação, histórias plenas de criatividade e de aventuras, de heróis perdidos em oceanos, de animais, de buscas por tesouros.

Lembrei-me que, uma vez, um amigo me dissera que alguns personagens da História – como aquele guerrilheiro latino-americano que morreu nas montanhas da Bolívia – também levavam sempre no bolso um exemplar de Jack London. Senti-me importante, coisas de um jovem imaturo, ingênuo e vaidoso. E, ao recolocar no bolso o livro de Jack London, disse a mim mesmo, quase em voz alta:

— *Bem, Evie... Agora eu estou a caminho das montanhas!*

Mais atento aos outros passageiros da cabine em que me encontrava, percebi um casal com duas filhas pequenas. Eram africanos. Uma das meninas, que se identificou como Clarisse, sorria-me o tempo todo. Deveria ter uns 8 anos. O pai, de nome Pierre, que deixava transparecer no rosto uma expressão sossegada e ao mesmo tempo profunda, comum às pessoas que conhecem muitas coisas, era muito reservado, tanto quanto a bela irmã de Clarisse, Chantall, de nove anos. Mas a mãe, Claire, simpática e vigorosa, tinha olhos penetrantes, que pareciam já ter presenciado tudo que há neste mundo. Aquele olhar e um feitio muito particular, apesar da ainda jovem idade, eram próprios de quem já viveu muitas vidas numa única vida.

Conversamos, eu e Claire, sob o olhar atento de Clarisse. Ela me disse que moravam já havia alguns anos em Moutier, desde que haviam chegado da África, foragidos de uma daquelas tantas guerras que desolam um continente e deprimem a condição humana. Guerras por exploração de pedras preciosas, por jazidas de petróleo, com perseguições a adversários políticos, sempre com escusas de propiciar melhores e mais justas condições de vida às populações. Enfim, segundo ela própria enfatizava, uma repetição eterna do que já ocorria há muito tempo (décadas ou centenas de anos).

Gostavam da Suíça, de Moutier, uma cidade pequena, hospitaleira (uma Comuna, como dizem os suíços), em meio a vales e montanhas. Disseram que eu seria muito bem recebido se um dia aparecesse por lá. Eu lhe disse que pretendia ir até o ponto final da linha, Zurich, e que, na verdade, estava tentando, definitivamente, esquecer uma história de vida, um amor. Ao que ela me respondeu com um jeito todo simples, manso e extrovertido:

— *As belas histórias, assim como os amores, não se esquecem. As lembranças são um propulsor de vida.*

Conversamos por muito, muito tempo. Ela me disse que na África, ela e Pierre eram *"Contadores de Histórias"*. Pedi que ela me explicasse melhor o que significava aquela profissão, e ela me disse que numa África de longa tradição no analfabetismo, algumas das milhares de aldeias que se espalham no continente, tinham por tradição passar de geração após geração os conhecimentos legados por ancestrais e de ilustrá-los através de histórias e do ato de contá-las.

Lembrei-me e falei a Claire que, semelhantemente aos *"Contadores de Histórias"* africanos, no antigo Oriente, mercadores árabes, com o intuito de vender os seus produtos, divertiam os reis e os fidalgos por onde passavam contando histórias, que séculos depois ficaram conhecidas como as *Histórias das mil e uma noites"* (Mondschein; Burton, 2011). Histórias como *"Aladim e a lâmpada maravilhosa"*, ou *"Ali-Babá e os quarenta ladrões"*, que se eternizaram.

Claire as conhecia e achou pertinente a comparação. Contou-me várias das suas histórias seculares, como as de crianças raptadas por gorilas para viver em florestas, ou de nuvens carregadas que traziam gansos do céu, ou, ainda, de papagaios muito falantes que faziam papel de cupidos diante de casais enamorados. Contou-me outras histórias não menos inacreditáveis ou fantasiosas envolvendo sereias que convidavam homens da aldeia para visitá-las em jantares deliciosos em palácios no fundo do rio, de elefantes que voavam e que traziam jovens homens, que sequestravam ninfas em vésperas de casamentos e depois as devolviam, não antes de as banharem em cachoeiras acompanhados por peixes e cisnes.

O bistrot e outras histórias

Nós nos divertimos, rimos muito. Em um dado momento Clarisse me falou do Colégio em que estudava na África, das aulas, em francês e no dialeto local, dos amigos que havia deixado, das brincadeiras na floresta ao lado da casa em que moravam. Disse-me que um dia voltaria para a África. Apesar de gostarem da Suíça e de Moutier, todos sentiam falta do sol, das cores e da espontaneidade da vida. Nos dias de hoje, disse-me Claire, ela e o marido ensinavam cultura africana para refugiados que chegavam à região de Moutier.

Bem, acho que horas talvez tenham se passado. Depois de várias paradas, de passarmos pela fronteira, olhei pelos avisos do lado de fora do trem que nos aproximávamos de Moutier. O trem, no entanto, parou pelo caminho, a uma milha, ou algo assim, de Moutier. Pelo que entendi (o som de avisos da cabine do maquinista estava quase inaudível), havia uma ruptura no trilho a uns duzentos metros de onde estávamos, detectada por um sistema de comando interno, e teríamos que esperar por nova orientação.

O cansaço me tomou conta por completo. Claire, Clarisse, Pierre e Chantal, dormiram. Acho que também adormeci, ou, senão, adormeci, estava, então, como se estivesse totalmente inebriado, ou em transe – teria me transportado para outro tempo e lugar pelas histórias fantásticas e inimagináveis de Claire. Recordo-me apenas de estar repentinamente caminhando entre duas colinas, numa região plana e arborizada, e não muito distante divisei uma área plena de animais (muitos gatos e cachorros), que brincavam, pulavam, corriam. Havia, também, algumas pessoas, mas a predominância era de animaizinhos. Quando tentei aproximar-me da bucólica paisagem, fui interrompido por um gato meio ranzinza, até um pouco mal encarado, e falante, que me disse:

— *Eu sou o gato Natilus, o guardião deste belo lugar. Infelizmente, você não pode entrar, pois não está preparado.*

Um pouco surpreso com tudo o que acontecia, tentei perguntar o porquê, mas foi quando passou bem próximo de nós uma moça muito linda, de cabelos longos e olhos penetrantes. Fixei-lhe o olhar. Ao me corresponder o olhar, quando se aproximou um pouquinho mais, percebi que, como num espelho de cristal, seus olhos refletiam a minha imagem. Pude me enxergar como nunca antes. Ela sorriu e com um olhar penetrante, foi se distanciando, mas ainda em tempo de escutá-la, e ela me disse:

— *Eu me chamo Alf. Você somente estará apto a entrar neste mundo quando descobrir o essencial.*

E, sorrindo, sorrindo muito, acrescentou:

— *E quando responder a pergunta do gato Natilus.*

Responder a uma pergunta do gato Natilus... Não entendi. Olhei para o gato Natilus e ele, que me parecia a cada instante mais e mais ranzinza, perguntou-me:

— *O que é tão brilhante como o diamante e frágil como um espelho?*

E continuou:

— *Lembre-se, porém, de que ser quebrável (frágil) não é o mesmo que ser perecível. Dê uma pancada forte em um vidro e ele não durará um instante. Não o toque e ele durará mil anos, será eterno.*

E, por fim, acrescentou, em tom meio filosófico:

— *Se você for um pouquinho menos racional e mais sensível, observará que o mundo está dividido em duas partes: uma visível, dominada pela razão, onde se pensa estar a realidade e a verdade das coisas. Mas há outra parte, invisível, que pode ser refletida nos sonhos. Há coisas neste mundo que fogem à tutela da razão. Coisas e histórias que podem parecer estranhas, magníficas e inesperadas, a ponto de serem consideradas uma fantasia. A vida está, de fato, plena delas, e são essas histórias que fazem com que a nossa rotina não seja previsível, nem monótona. A vida pode tornar-se uma aventura inesperada.*

E concluiu, muito "rabugento" e deixando de lado o tom filosófico, que eu me fosse, pois já estava cansado de me ver parado ali, qual um espantalho, e que pensasse em tudo que ele havia me dito. Enquanto o Natilus se afastava balançando o rabo, altaneiro, com um jeito todo imperial que só os gatos têm, reconheci ao longe que Alf me olhava, se escondia atrás de uma árvore, abria os braços como se desejasse abraçar o mundo e alternando esses gestos, parecia se divertir com todo aquele episódio do gato Natilus e por toda aquela até divertida rabugice.

Acabei de me convencer de que aquele era um mundo lúdico, meio encantado, dominado por brincadeiras inocentes, ingenuidade de gestos. Isso explicava a grande quantidade de animais. Um pouco confuso com tudo aquilo – Alf, gato Natilus (nomes que pareciam mais de elfos ou de fadas), senhas em forma de perguntas para se entrar num outro mundo... Ora, ora... Deveria estar em delírio – procurei no meu bolso, meio que aturdido, pelos livros de Jack London e de Marco Aurélio. Apalpei-os, lá estavam!

De repente, alguém bateu em meu ombro e disse que era para deixar o vagão e caminhar pela linha do trem até a estação mais próxima (Moutier),

O bistrot e outras histórias

pois pela interrupção da ferrovia não havia como o trem seguir viagem por outras 24 horas. Todos os vagões já estavam vazios e eu me atrasara. Em Moutier havia ônibus para levar todos aos seus destinos. Percebi que, de fato, eu estava sozinho no vagão. A portentosa e bela africana Claire e família já tinham me deixado. Reparei que no banco da cabine onde Claire e família tinham se sentado estava um livro de pensamentos de Bertrand Russel (Russell, 2019), esquecido, acompanhado de um exemplar do *Le Monde*. Apanhei-os e levei-os para entregar a Claire logo que a encontrasse na Estação.

Fui caminhando ao longo da linha de trem rumo a Moutier. Percebi que os outros passageiros já estavam bem distantes, eu era o único que tinha ficado para trás. Nesse caminho solitário procurava entender o que me havia acontecido. Se fora tudo um sonho, então, pensei (li quando menino) no que disse certa vez Nietzsche (1844-1900), que quando sonhamos nos exercitamos para a vida futura (Scruton, 2007).

Apressei os passos, pois no ritmo em que estava não chegaria a tempo na estação. Consegui, já próximo à estação, alcançar a Claire. Clarisse foi a primeira a me ver. Elas diminuíram os passos, esperaram que as alcançasse. Finalmente, depois ainda de uma pequena caminhada, divisei a Moutier. Aproximamo-nos da estação e, então, surpreendi-me com um cartaz enorme ao lado do pórtico de entrada: lá estavam, sorridentes, numa bela foto, Alf, com os seus olhinhos de cristal, e o gato Natilus, com toda a sua rabugice. Perguntei a Claire quem eram, se os conhecia e o porquê do cartaz. Ela me disse que *"a bela moça era uma moradora da cidade, muito conhecida, uma médica famosa, e o gato era seu animal de estimação, que tinha desaparecido. Quanto ao cartaz, bem, era uma homenagem dela ao gato quando foi reencontrado"*. Havia cartazes por toda a cidade, falou-me Claire. Mas a minha maior surpresa foi quando me aproximei um pouquinho mais do cartaz, ao passar pelo pórtico, quase a adentrar a estação de Moutier. Consegui ler uma frase que estava escrita no cartaz, logo abaixo da foto, e que ao longe não era legível: *"O que é tão brilhante como um diamante e frágil como um espelho?"*.

Ao lado do cartaz do gato e da bela moça havia alguns cartazes que anunciavam um Festival de Cultura e Teatro que se desenrolaria em Moutier ao final daquela semana. Não dei muita importância e nem mesmo observei as legendas, as figuras, fotos dos grupos participantes, nem muito menos a programação. Escutei que chamavam os últimos passageiros para embarque num ônibus que seguiria até Zurich.

Despedi-me de Clarisse e de Claire (Pierre e Chantal, não mais os vi). Procurei devolver o livro de Bertrand Russel a Claire, juntamente ao

Le Monde, mas ela os refutou: *"O livro e o jornal não nos pertencem. Durante a madrugada, uma moça e um jovem casal nos fizeram companhia na mesma cabine. Logo se foram, desceram numa estação anterior. Parece que fariam alguma encenação no Festival do próximo final de semana. Quando eu estava por deixar o vagão, percebi que haviam esquecido o jornal e o livro. Fique com ambos, assim você se lembrará dessa viagem e do tempo passado em nossa companhia"*. Agradeci e nos despedimos. Senti, no calor e na solidariedade do abraço de Claire e de Clarisse, que aquela não era bem uma despedida. Talvez, um até breve.

Apressei-me, subi no ônibus e, finalmente, segui rumo a Zurich. Era chegado o momento de deixar Moutier. Já no caminho a Zurich, enquanto o ônibus contornava uma bela estrada adornada por montanhas estonteantes, mas ainda sem adentrar na estrada principal, li brevemente algumas das reportagens do *Le Monde*, deixado pela moça do trem, e, depois, por um momento, apanhei o livro de pensamentos de Bertrand Russell. Abri-o numa página aleatória, verifiquei que a página era referente a um capítulo sobre "Verdade ou não". Ao discorrer o texto, na página fortuitamente escolhida, um parágrafo me chamou atenção: "Quando garoto, sonhei que entre os papéis no meu quarto encontrava um em que se lia: 'O que diz do outro lado não é verdade'. Virei o papel e li: 'O que diz do outro lado não é verdade'. Apenas acordei, procurei o papel na mesinha. O papel não estava lá" (Borges, 1982, p. 152).

Com mais vagar, verifiquei que na primeira página do livro havia a assinatura de Evie Sourbier.

O confortável ônibus parou por um momento num semáforo, pois estávamos num trevo antes de seguirmos por uma estrada ainda mais bela, que parecia ser a estrada principal. Olhei à esquerda da janela mais próxima e comecei a ler um grande cartaz que promovia um Festival de Teatro de Moutier. Havia algumas fotos de grupos participantes, locais e visitantes, e a programação de todo o evento. Numa das fotos era possível ver o grupo denominado *"África e Moutier"*. Lá estavam todos eles: Clarisse, Chantall, Pierre e a bela Claire. Aberto o semáforo, seguiu o ônibus rumo a Zurich.

Reflexos

(para Lu e Duda)

> *A casualidade não existe. O que nos é apresentado como*
> *acaso surge das fontes mais profundas.*
>
> *(Friedrich Schiller)*

Há dias surpreendentes, intensos, como aquele de uma sexta feira de primavera, não há tanto tempo assim. Passava das 18 horas. Havia também um prenúncio de chuva. Duda me esperava para o passeio. Sempre fui muito fiel aos horários depois que a Duda chegou a minha vida. Não que eu seja um fiel cumpridor de compromissos e de regras, mas, hoje, ela depende da minha fidelidade aos horários, como o do passeio ao final da tarde, tão esperado pelos encontros cheios de brincadeiras e plenos de vida, com outros cachorros da vizinhança.

Atrasei-me, entretido pela leitura de um trecho intrigante de uma obra de Shakespeare. Um trecho que vale por uma obra inteira (algo bem Shakespeariano). Traduz um dilema contemporâneo, que é um drama da consciência, da condição humana: o do refletir, do espelhar-se (em quê, em quem?). A peça "Júlio César" trata da conspiração no Senado romano para o assassinato de César. Cassius deseja envolver o nobre e honrado cidadão romano Brutus na trama para o assassinato e lhe faz uma pergunta, emblemática, decisiva:

Cassius: ... Tell me, good Brutus, can you see your face?

(Brutus, você pode ver o próprio rosto?).

Brutus: No, Cassius, for the eye sees not itself but by reflection, by some other things.

(Não, Cassius, o olho a si mesmo não se enxerga, senão pelo reflexo em outra coisa).

(Shakespeare, 1991)

Cassius, naturalmente, oferece-se como espelho do amigo e, assim convencido de seu valor pela confirmação do olhar do outro, Brutus adere à conspiração e César é assassinado. Se há algo que não conseguimos enxergar diretamente por nós mesmos são os nossos olhos, o nosso rosto; somente os vemos através de um reflexo, de um espelho. Em um tom bem subjetivo, esse trecho é insinuante: é como se precisássemos de algo, ou de outro, para enxergar a nós mesmos; há, sutilmente, como uma perda de identidade. Cheguei até a relembrar de Espinosa (1632-1677), a quem tinha estudado durante algum tempo. A sua Filosofia não tem o que os filósofos medievais chamavam de o "Principium Individuations" – O Princípio da Individuação –, que distingue uma coisa da outra, que atribui identidade e realidade ao sujeito humano e que liga o nosso mundo a um domínio de causas objetivas (Scruton, 2000).

Bem, bem... Em meio a tantas divagações (Shakespeare, Espinosa, individuação), acabei por esquecer que a hora era da Duda. Não havia mais como ela esperar. Desse jeito acabo por ser eu mesmo, negligente com os compromissos e horários.

Depois de tanto me atrasar, finalmente saímos (eu e Duda), já quase noite, sob chuva intensa. A Duda, como eu, sabe esperar e ama as chuvas. Passeamos, corremos, divertimo-nos na chuva, e a Duda, como sempre, brincou com alguns amigos cachorros (pelo menos com aqueles que também não se intimidaram com o já quase temporal).

Há algo de mágico, lúdico, eterno, nessas brincadeiras. Os cachorros parecem viver numa outra dimensão de vida. Além de amigos, companheiros leais, são sábios. No retorno, passamos bem em frente ao maior shopping da cidade, seguindo um dos caminhos que nos levam de regresso a nossa casa; um caminho bonito, bem cuidado, cheio de árvores.

Passou, bem pertinho de nós, uma mulher bem arrumada, graciosa, esbelta. Cumprimentou-nos ao passar. A Duda, repentinamente, parou e sentou-se. Olhei para trás e percebi que a mulher também havia parado e me olhava. Olhei-a com mais atenção e vagar, ao que ela me disse: *"Acho que você não mais se lembra de mim. Devo ter mudado muito"*. Era Catherine. Pelo menos duas décadas já haviam se passado desde a última vez que nos vimos.

O bistrot e outras histórias

Ela não havia mudado tanto assim e me parecia até mais bela. Cathie – assim a chamava – foi uma amiga e companheira de outros tempos – companheira e amiga de todo aquele mundo de cultura e de luzes dos anos em que éramos estudantes na Universidade. Amiga e companheira de sonhos, de tantas travessuras; foi cúmplice de silêncios. Cathie sabia como silenciar, como simplesmente estar ao lado. Tinha a percepção daquele momento em que palavras atrapalham. Ela sempre foi capaz de dizer coisas sobre as quais pensar, mesmo quando não estava muito bem. Lembro-me uma vez que, mesmo doente em uma cama, disse-me que a sombra que se espalhava pela persiana, de um pássaro fugidio, refletia bem mais que o próprio pássaro: trazia uma mensagem do Sol.

Nunca namoramos ou, se namoramos, bem, nunca soubemos e nem nunca o saberemos. Havia entre nós uma fronteira muito tênue entre a amizade e o amor; refletíamo-nos. Cathie estava ali. Chovia incessantemente. Ela tinha um encontro com amigos. Um deles era o Pedro, um cineasta famoso e que eu, em outra época, tivera algum contato. Chegamos até a trabalhar juntos num roteiro para uma TV Educativa, com a ajuda da própria Cathie, sobre um documentário que lidava com a importância dos contos de fadas no processo de desenvolvimento da nossa civilização.

Ao falar-me de Pedro, mencionei brevemente a Cathie, ela, que era uma entusiasta em relação aos contos de fadas, sobre o roteiro. Imediatamente, ela, para minha surpresa, pois os anos costumam nos trazer mais esquecimentos do que lembranças, lembrou-se brevemente de uma passagem que então redigimos naquele trabalho havia mais de vinte anos: *"Escrevemos, num dado ponto do roteiro, não sei se você ainda se lembra, que os contos de fadas são, talvez, uma das mais antigas, sérias e universais formas de literatura. Toda a raça humana (e isso é uma verdade!) foi mentalmente e historicamente alimentada pelos contos de fadas. Os contos de fadas são o mais abrangente retrato da vida permanente de grande parte da humanidade, melhor do que a ficção mais realista. A mais realista das ficções lida com cidades modernas – ou seja, com um curto período de transição, naquela pequena esquina do menor dos quatro continentes, naquele período de tempo. Os contos de fadas lidam com a vida de campo, de cabanas e palácios, daquelas simples relações com o gado e do tipo que, na verdade, são a experiência de grande número de homens no maior número de séculos...".* Ela fez uma pausa e, então, completou: *"Bem, você ainda se recorda?".*

Disse que sim, talvez não com o mesmo detalhamento (algo que me surpreendeu), mas que me recordava dessa parte como um epílogo ao trabalho. Mas citei outra parte do roteiro que redigi com Pedro e que, talvez, ela não conhecesse (a participação de Cathie havia sido apenas pontual e ela não tinha conhecimento de todo o trabalho), em alusão a Júlio César, o imperador romano: *"E me lembro também de outra parte do roteiro que escrevi com Pedro e que acredito que você não deve saber, que diz respeito a Júlio César (estou sempre a estudar tudo sobre ele), o famoso imperador romano: caso tudo a respeito dele fosse contado (o que nos parece um tanto inapropriado, sobretudo, para a edificação infantil, principalmente, suas primeiras aventuras), teríamos em mãos algo de sua vida ou da vida de qualquer outro homem, realmente importante. Se todos os acontecimentos de sua vida fossem (ou em algum dia forem) contados, a história da sua vida começaria pela vívida descrição de quanto ele adorava os contos de fadas. Alguns desses contos de fadas foram apreciados até o fim de sua vida, pois Júlio César era extremamente supersticioso, assim como muitos dos homens de grande inteligência que nunca encontraram ou se identificaram com uma religião".*

Ela achou muito interessante, olhou para o relógio e me disse que estava atrasada. Começávamos a nos molhar, pois a chuva era intensa e por mais que nos abrigássemos entre as frondosas árvores e debaixo dos nossos guarda-chuvas, havia chegado o momento da despedida. Então me convidou para o encontro, mas eu lhe disse que não iria, pois aquele momento era da Duda, que nos observava com atenção e curiosidade.

Disse, também, que de uns tempos para cá preferia estar sozinho, em busca, como alguém muito especial havia me dito há não muito tempo, do essencial. Duda continuava sentada, como a esperar. Ela prometeu-me retornar no dia seguinte. Falei onde e como me encontrar (na cafeteria da maior livraria daquele shopping, onde passo os dias a ler, a escrever e a "viajar" num cantinho que ela descobriria). Antes que se fosse, comentei rapidamente sobre o livro de Shakespeare, do dilema do reflexo e, novamente, de Júlio César. Ela interessou-se, mostrou-se curiosa: *"Precisamos conversar mais sobre isso".* Prometeu-me trazer uma cópia, com dedicatória, do seu último livro. Cathie era hoje uma escritora famosa. Despedimo-nos sob o olhar atento da Duda.

Ao chegar em casa, enquanto secava a Duda, pensei naquele encontro, que parecia um devaneio, e na promessa de Cathie. Pensei num lugar na estante onde o seu livro poderia ficar. Feminina, inteligente, romântica e charmosa (talvez, uma mulher de outro tempo!) como sempre fora, o seu livro estaria em boa companhia em meio às obras de Simone de Beauvoir, ou, talvez não, talvez ficasse melhor junto aos DVDs, com os filmes de uma das nossas atrizes favoritas, a Jacqueline Bisset (1970). Recordei-me, então, vagamente, de vários dos seus filmes românticos, como o famoso filme *Airport* (1970) de trilha sonora inesquecível composta por Vincent Bell e Burt Bacharach, filme dos mais premiados da época, no qual a sempre bela e sensual Jacqueline estava impecável, exuberante. Eu e Cathie assistimos a duas sessões seguidas, numa época em se poderia seguir tantas sessões quanto desejássemos, em meio a pipocas e sonhos. Alimentei a Duda e depois adormeci, pensando nesse dia diferente, que começara com um dilema de Shakespeare, o conflito moderno do reflexo humano, e terminou com Cathie.

Passaram-se dias, semanas, Cathie não apareceu. A sua promessa, como tantas outras do passado, perder-se-ia no tempo. Assim era Cathie, e em nada havia mudado. Ela podia ser tão incessante como a chuva desse nosso último encontro na chuvosa primavera, e, ao mesmo tempo, fugaz como um pássaro. E refleti sobre promessas: *"Há mistérios que as envolvem"*. Elas deveriam fazer parte apenas do mundo dos deuses, ou do universo dos míticos personagens no Reino das Histórias de Fadas. Nesse reino, sem dúvida luminoso e de encantamento, cheio de bom senso, esquecido pelo racionalismo estéril e cético, promessas nunca se perdem. E, novamente, fiquei a recordar Cathie e o nosso roteiro para aquele documentário sobre contos de fadas.

As histórias de fadas deveriam ter em nossa sociedade contemporânea um papel preponderante na educação, notadamente no ensino infantil. Essas histórias despertam a curiosidade, instigam e alimentam a imaginação que, aliada à absorção de conhecimento, formam os dois pilares da formação infantil. Albert Einstein, refletindo certa vez sobre o papel crucial da imaginação no processo de evolução da sociedade, disse certa vez: *"A imaginação é mais importante do que o conhecimento"*.

Os contos de fadas, refleti, parecem incríveis porque a grande civilização que construímos é algo como uma coisa excessivamente especializada, informativa e transparente, com pouca margem para que se explore o mistério e o desconhecido, o que a torna singular e um tanto mórbida, a um ponto que muito em breve poderá nos parecer inverossímil, quase invisível, e nós mesmos, não críveis.

Depois de mais um dia de intenso trabalho, mais uma vez acabei por me atrasar com a Duda. Dessa vez não chove. Duda brinca com os amigos, brinca comigo, brinca sozinha. Depois de algum tempo, tomamos o caminho de volta. Passamos novamente em frente ao shopping, pelo caminho das árvores. A temperatura estava um tanto alta, em nada lembrando a última primavera de chuvas que pareciam, na verdade, um dilúvio.

Próximo ao local onde pela última vez falei com Cathie, Duda diminuiu os passos. Olhei brevemente para trás e ao mesmo tempo senti uma forte tensão na guia. Duda me forçou a continuar. Aos poucos senti que deixávamos o caminho das árvores e, ao final do passeio, já perto de casa, em companhia da Duda, refleti como Cathie tem passado pela minha vida irregularmente, e muito mais raramente do que eu poderia desejar. Assim como nas promessas e nos contos de fadas, há em Cathie algo de atemporal.

Helmi Borealis

*(memórias de uma viagem [ou de um sonho?],
e de um encontro)*

> *O Sonho de Chuang Tzu.*
> *Chuang Tzu sonhou que era uma borboleta e não sabia,*
> *ao acordar, se era um homem que tinha sonhado ser uma*
> *borboleta, ou uma borboleta que agora*
> *sonhava ser um homem.*
> *(Herbert Allen Gilles, Chuang Tzu [1889])*

I. Prelúdio de uma viagem

"Há tempos em que a vida precisa fluir sem pressa", disse, novamente, em voz alta, Marcell Flanders, um escritor em transição à procura de outras inspirações e significados. Lina Bardeen, que cuidava da casa e dos interesses do sempre distraído Marcell, escutou-o atentamente e preocupou-se, pois havia uma repetição das mesmas palavras corriqueiramente pronunciadas por Flanders. Ele precisava, mais uma vez, de silêncio para observar e, pelo olhar, com serenidade, compreender e criar. "Observar, observar, observar. É através do olhar que compreendo", dizia Henri Cartier-Bresson (2015, p. 7).

Ao que parece, Marcell, também amante da fotografia e da obra de Cartier-Bresson, estava convencido e disposto a mudar de trajetória de vida. Sentiu que teria que agir um pouco como os antigos fotógrafos que, com uma câmera em punho, sem muitos recursos técnicos, esperavam pacientemente, ao longo do dia, a melhor luminosidade, o melhor momento –aquele momento decisivo–, para só então fotografar e obter a plenitude de uma bela paisagem, de algum aglomerado humano, de alguma configuração inusitada, de um belo rosto de mulher (Cartier-Bresson, 2015).

Manoel Borgè

É natural que todo escritor precisa, às vezes, distanciar-se do seu cotidiano e, em nova perspectiva, buscar novas motivações, mas na vida de Marcell, entretanto, essa procura ia se tornando habitual; os longos períodos de isolamento, de buscas e dos porquês repetiam-se não apenas a cada final de obra e início de outra, mas também em períodos intermediários quando procurava por uma melhor definição de personagem, ou conclusão de algum capítulo. Num mundo tão repetitivo como o que ele vivia, pleno de modismos, condicionado aos excessos de comunicação e informação, em que o pensar é homogêneo e as emoções parecidas, Flanders desejava com frequência, ainda que por curtos períodos de tempo, afastar-se da mesmice e do desassossego. Lina se distraiu por um bom tempo e somente olhava a Marcell, inquieto e distante, até que ele relaxou e foi até a varanda e por lá ficou, quieto, envolto em pensamentos, como se tivesse adormecido.

II. A *viagem*

Ele decidiu-se, após tantas recusas, aceitar o convite de um amigo, também escritor, e partiu para uma distante região conhecida como "Helmi Borealis". Viver por algum tempo em um lugar bem remoto e em uma cidade de nome meio místico, chamada *Vingolf* (por aqueles lados tudo é um pouco ligado a alguma mitologia), finalmente por um longo período, faria Flanders encontrar, quem sabe, as respostas a tantas perguntas.

Esse amigo estaria ausente da região por algum tempo e Flanders poderia usufruir da serenidade que buscava. Mas muito mais do que um mero descanso, essa região, nem imaginaria ele, acabou por legar-lhe memoráveis lembranças. Tempos encantados: a Aurora Boreal, a plácida convivência com os habitantes, a harmonia nas relações humanas, a sinceridade nos encontros, a paisagem remota e convidativa à reflexão e ao mistério, e as histórias fantásticas que vinham sempre de um passado remoto, mas ainda muito presente, por aqueles lados do mundo.

Era um lugar onde passado e presente conviviam, entendiam-se, envolviam-se em cumplicidade; *"O ontem pode ser o hoje, ou, talvez, o amanhã. É impossível separá-los"*, disse-lhe, logo após a sua chegada, uma vendedora de charutos numa antiga tabacaria da região, sem que, então, Marcell entendesse muito bem o que se queria dizer com isso.

Marcell passava os dias numa agradável cafeteria, situada em uma pequena rua de pedestres (Rua Thursden), lendo, escrevendo, sempre ocupando uma mesinha, próxima a uma janela com uma bela vista para a rua.

O cantinho ficou conhecido, assim como o seu ocupante, e quando por lá ele não aparecia, mantinham-no reservado; sua falta era sentida.

A Larissa, uma moça que sempre lhe servia um chá, sentia muito a ausência dele, e quando ele reaparecia, dizia a ele: *"Os dias sem a sua presença perdem o significado, ficam muito tristes, como se o céu estivesse sempre com nuvens... Ou como se uma criança não parasse de chorar".* Todas essas palavras e as frases, a princípio, pareciam meio ingênuas, e no falar de Larissa até um tanto tolas, mas aquele mundo era lúdico (aprendia-se isso com o passar do tempo), os significados eram figurativos, sutis, plenos de segredos, e as emoções, embora contidas, significantes.

III. Lhaìssen Lann

> *Não há melhor lugar no mundo para se guardar um segredo do que um romance incompleto.*
> (*Ítalo Calvino, "O castelo dos caminhos cruzados"*)

Marcell viu a bela Lhaìssen num de seus primeiros dias na Rua Thursden. Ao olhar para a rua através da janela da Cafeteria, percebeu que duas lindas moças sorridentes passavam com passos largos na calçada vizinha à janela. Elas sempre paravam bem próximas de onde estava Marcell, a examinar e comentar sobre as flores que davam vida à calçada onde se encontravam. E ao olhar brevemente para dentro da Cafeteria, ao ver que Marcell as observava, Lhaìssen esboçou um sorriso furtivo, porém intenso. Ela o encantou pelo sorriso e pelo olhar brilhante, pleno de vitalidade.

Na brevidade dessa primeira vez, Marcell também percebeu que o seu rosto tinha marcas definidas, e ao caminhar com a amiga, o seu todo mostrava determinação e aparentava coragem, força e energia, características das mulheres habitantes das regiões boreais.

Para Oscar Wilde (1854-1900), o grande escritor, só uma pessoa muito fútil e vazia não julga pelas aparências. A beleza é, necessariamente, uma forma de aparência (Wilde, 2012). Na estética de Wilde, na aparência está a própria essência do ser: no olhar, vívido ou terno, triste ou alegre, sereno ou penetrante; nos traços marcantes, tão aparentes no rosto ao longo dos anos, ou no sorriso (escondido, escancarado, sereno ou em tantas diversas formas do sorrir).

Havia em Lhaìssen, nas suavidades do sorriso e do olhar, e na postura de distanciamento e coragem, uma mistura de ternura, beleza e mistério. Ela usava um terninho preto, que produzia um contraste charmoso com os longos cabelos louros. Com o seu andar determinado, ela fazia Marcell Flanders recordar, sempre que a via caminhar por entre as lojas da Rua Thursden, de uma Saga das regiões boreais (Campo, 2003), da Idade Média, lida por ele há muito, em algum tempo e lugar meio perdido entre tantas memórias, em que um viajante perguntava a uma habitante local: *"Em que acreditam as mulheres que aqui vivem, no Deus Odin ou no Cristo mediterrâneo cujos ensinamentos já se propagam por várias regiões?"*. Ao que a habitante respondia, entre outras palavras: *"As mulheres que aqui moram acreditam apenas na coragem. A coragem é a nossa religião. Coragem e determinação perante o desconhecido e diante das adversidades, das ausências e das vicissitudes do dia-a-dia"*.

Nos dias subsequentes, Marcell a via, sempre no mesmo horário, sempre vestida com o terninho preto, sempre com a mesma amiga, sempre parando em frente à Cafeteria para examinar as flores, sempre a olhá-lo furtivamente. Um dia, percebeu que ela trabalhava por perto, pois a viu entrar com a sua amiga na sede social e loja do *"Lugby Team"*, bem próximo da "Vingolf – Thursden Jewelry", uma conhecida joalheria da região. O "Lugby", Marcell soube algum tempo depois, era um dos esportes mais tradicionais da região, fundado pelos ancestrais vikings na milenar cidade de Lugby, e do qual derivou séculos depois o conhecido Rugby.

A partir daquele dia, ao voltar para casa ao final do dia, quando a penumbra e a luz oblíqua já se dispersavam por toda a rua Thrursdem, Marcell passava bem próximo à joalheria, via-a bem de perto, atendendo aos clientes com desenvoltura, elegância e leveza na loja ao lado, ou a conversar com as colegas. Ela sempre lhe lançava um olhar, às vezes um leve aceno, que era compartilhado por Flanders.

Vê-la quase todos os dias fez parte da vida de Marcell Flanders por um tempo precioso, preenchendo de imaginação seus dias de introspecção e solidão, e, pouco a pouco, sem que mesmo ele percebesse – e talvez nunca o tenha percebido –, dando muitas respostas às suas buscas.

Tiveram dois breves encontros. O primeiro, numa tarde fria, de céu aberto, ele teve a agradável surpresa de vê-la entrar na Cafeteria com a amiga que sempre a acompanhava. Elas solicitaram cafés e sentaram-se muito perto de onde ele estava. Ela o olhou e falou algo num idioma estranho que ele não conseguiu entender muito bem (talvez algum dialeto local).

Ele se apresentou como Marcell – escreveu o nome num bilhete e o entregou –, e percebendo que ele era estrangeiro, ela tentou colocar algumas

O bistrot e outras histórias

palavras de uma forma mais pausada, associadas a alguns gestos. Marcell entendeu que ela estava preocupada com a janela aberta e que a corrente de ar que ele estava a receber poderia ocasionar algum problema de saúde. O problema da linguagem foi um inibidor do diálogo.

O segundo e último encontro aconteceu somente uns dois meses depois, numa tarde chuvosa de inverno. Chovia incessantemente no momento em que ele deixava a Cafeteria; e também fazia muito frio. Ele empunhava um guarda-chuva e vestia um casaco impermeável, e saiu às pressas. Ao atravessar uma das ruas paralelas, deparou-se com Lhaïssen. Cruzaram olhares, cumprimentaram-se. Flanders entregou a ela o seu guarda-chuva, que ela, a princípio, refutou, mas acabou por aceitá-lo. O terninho preto e os longos cabelos louros já estavam bem molhados, mas ela mantinha aquela mesma postura de altivez e serenidade. Os olhos muito azuis olhavam a Marcell com muita firmeza. Despediram-se. Ela, ao caminhar em direção à sede do "Lugby Team", olhava-o todo o tempo. Ele apressou o passo em direção à casa, mas acabou por se perder no caminho em meio àquela chuva, às emoções do momento, aos pensamentos no encontro casual, e naquele olhar incessante e convidativo.

Toda aquela chuva lhe trouxe problemas de saúde. Ficou em casa por vários dias seguidos. Febre, mal-estar e forte gripe lhe forçaram a perder dias de uma rotina que apreciava: os dias na Cafeteria, as leituras, o discorrer de um novo livro, o olhar para a joalheria, a possibilidade de novo encontro com Lhaïssen. Enfim, ele sentiu (e como sentiu), o afastar-se da nova rotina naquele mundo distante e instigante.

Retornou à Rua Thursden somente uma semana depois do encontro. Ao chegar à Cafeteria, encontrou sobre a mesinha que habitualmente ocupava, o guarda-chuva que havia entregado a Lhaïssen. Ao lado dele havia um envelope. Perguntou a Larissa sobre quem o havia deixado. Ela lhe disse que não sabia bem ao certo, pois também ficara afastada do trabalho por dois dias, e uma colega havia recebido de uma moça, que não se identificou, o bilhete e o guarda-chuva.

Marcell abriu o envelope e leu o bilhete, mas, para sua surpresa, nada conseguiu entender do que estava escrito. Parecia escrito numa linguagem desconhecida, talvez algum idioma meio que perdido no tempo, um dialeto local, como aquele usado por ela na Cafeteria. Ele ficou um tanto perplexo. Tomou certa coragem e foi até a sede do "Vingolf Lugby Team". Como não a encontrou, pois a sede estava fechada por conta de um quase feriado local, ele dirigiu-se até a joalheria.

Sem citar o nome Lhaìssen, pois até então não o sabia, perguntou por ela a uma amiga que lá estava – a mesma que a acompanhara à Cafeteria naquele primeiro encontro –, que se identificou como Ingred Ulmann. Disse Ingred que ela havia deixado a joalheria, mas que não podia dar mais detalhes. Outra moça, chamada Tamara Bossmann, que também trabalhava na joalheria, interrompeu e falou que ela havia procurado por Marcell na Cafeteria há uns dois dias e deixado um bilhete.

Argumentou Marcell que o bilhete estava ilegível, parecia ter sido escrito numa linguagem desconhecida, ao que Tamara respondeu que *"se ele quisesse rever Lhaìssen, deveria ser capaz de ler (ou decifrar) o que está escrito. Isso faz parte dos costumes e de uma tradição milenar das mulheres da região boreal (remonta aos ancestrais Vikings), e faz parte do ato de cortejar e de seduzir. A sedução"* salienta Tamara, *"joga com a intuição daquilo que, no outro, permanece eternamente secreto para você, aquilo que nunca saberá e que, no entanto, atrai sob o selo do segredo. Somente a intimidade do amor elimina essa distância secreta, que é essencial para a sedução. E não se esqueça: quanto mais difícil for a decifração da mensagem, isso significa que maior é o interesse da mulher que o escreveu"*.

Enfim, Marcell estava diante de um jogo, em que "o prêmio" da decodificação de uma mensagem seria o de ser o merecedor de um amor. Um jogo de códigos secretos, místico, estranho, mas envolvente.

IV. Intermezzo (Lhaìssen, Lugby, Bossa Nova, o Tempo...)

No dia seguinte, pronto a decifrar esse mistério, ele resolveu rever um amigo, matemático também, colega dos anos de Universidade e que agora trabalhava numa Universidade da região. Leonel Dresdem (esse era o seu nome) tornou-se também um especialista em teoria de códigos e, portanto, alguém perfeito a ajudá-lo. Marcell mostrou-lhe o bilhete enigmático, contou um pouco da história e das colocações que as moças na joalheria haviam lhe dito. Dresdem pediu alguns dias para tentar decifrar, mas depois de uma sua rápida inspeção no bilhete, percebeu Marcell que Dresdem se mostrava um tanto preocupado. Uma semana depois, Flanders retornou e Dresdem pediu-lhe que o escutasse atentamente.

— *Meu amigo Marcell, as moças da joalheria não exageraram em dizer que se tratava de um costume milenar, que remonta ao período dos Vikings, e que*

O bistrot e outras histórias

quão mais difícil for a decifração, maior é o interesse de quem o envia. De acordo com várias Sagas daqueles tempos, algumas mensagens eram tão complicadas que jamais poderiam ser decodificadas. Isso significaria um amor tão intenso que, talvez, devesse atravessar eras até que pudesse materializar-se.

São coisas da Mitologia Boreal esse esconder-se, esse tornar os caminhos árduos para se chegar aos objetivos, e, muitas vezes, como você já deve ter percebido, associar o passado ao presente, o ontem ao hoje, tudo se confundindo num entrelaçamento. As codificações mais simples, você bem o sabe, seguem um padrão de trocar as posições de letras em um dado nome. Por exemplo, a palavra LOVE, em língua inglesa, pode ser codificada por EOVL. Na palavra original, a posição da primeira pela última letra em LOVE é trocada e leva a uma nova palavra, EOVL. E, assim, um determinado texto pode ser todo codificado.

Seguindo esse padrão poderíamos fazer o caminho inverso e teríamos, assim, um texto original, sem codificação alguma. O problema no texto que você recebeu é que não há, com exceção de três palavras, como decodificar nada. A remetente usou de duas a três linguagens diferentes, certamente muito antigas, e que desconheço a gramática. Há, em lugares remotos aqui nas terras Boreais, famílias inteiras que se comunicam através de dialetos antiquíssimos e alguns, como os usados neste texto, pouco conhecidos, e sem ainda uma base gramatical e significados de palavras muito claros para quem não os conhece.

Apenas quatro palavras consegui decifrar, caro Marcell: 'PERCURSOS EMARANHADOS', no meio da mensagem, e o nome da remetente, LHAÌSSEN LANN, escrito no envelope, e também como uma assinatura no bilhete. O interessante no nome LHAÌSSEN, não tão comum, mesmo por aqui, é que, de acordo com poemas muito antigos, ela tratava-se da amante do deus Odin, pai de Thor. O romance de ambos teria sido descoberto e, para preservá-la, Odin resolveu enviá-la do mundo dos deuses para a Terra. Há outro detalhe: seguindo muitas das perdidas lendas, há quem afirme que Lhaìssen, mesmo entre os humanos, continuava vivendo como uma deusa e era muito vigiada por Odin, que a amava intensamente. Isso explica o fato de Lhaìssen não ser um nome comum por aqui, pois jamais se devem misturar coisas dos deuses às coisas humanas.

Mas, para finalizar, meu amigo Marcell, deixe-me fazer um paralelo e lembrá-lo dos nossos bons tempos em Paris. Ansiosos que estávamos por conhecer um pouco de novas culturas naquele outono em Paris, resolvemos esquecer um pouco da Matemática e da Universidade de Paris. Você se recorda das conferências e das aulas de Bossa Nova que tivemos depois de ler aquele anúncio no jornal 'Le Monde', na página 6, da edição de 30 de setembro de 1965 (não me esqueço dessa data)? Ali, com o título em português, 'Da temática Bossa Nova, falará Arlindo Cruz', anunciava-se um ciclo de conferências, todas às segundas-feiras, no outubro daquele ano, na Rua General De Gaulle, 82.

E então, Marcell, assistimos não apenas aquelas palestras memoráveis do escritor brasileiro Arlindo, mas também as aulas práticas que tínhamos sempre após as aulas teóricas. Você sentiu a plenitude e a magia da música, da dança e da intensidade dos olhares e dos passos decisivos das dançarinas. Cada movimento, cada acorde, cada olhar na Bossa Nova era uma representação de uma linguagem que vem de um passado de amor, de descontração e, sobretudo, de harmonia, que se propaga para o presente. Concorda, Marcell?

Lembro-me, caro Marcell, que você conversava muito com aquele grande mestre da Literatura sobre a fluidez e o ritmo da Bossa Nova, e ele, estudioso do tema, explicava-lhe que o segredo vem de um passado que tenta projetar-se para o presente, e aquela música traduzia como um diálogo diante do perdido e do desconhecido. A música, dizia o mestre Arlindo, é uma das formas do Tempo, não o tempo lógico, periódico, linear, da ciência, mas o tempo humano.

Digo tudo isso, Marcell, pois foi a partir de então que você, jovem matemático como eu, começou a questionar a verdadeira profundidade e alcance humano das suas atividades, o que o levou anos após a dedicar-se, por vocação, mais à Literatura, e tornar-se, além de matemático, o escritor reconhecido de agora. Mas por esses caminhos da vida você, novamente, depara-se com um momento de perguntas, uma vez mais envolto nessa cilada do tempo, do presente e do passado. E novamente envolto nos mistérios do amor.

Nas aulas práticas associadas às conferências do mestre Arlindo, sua companheira de danças era Isabella, a bela Isabella Courtney. Intensa, culta, com um olhar arrasador, que se propagava pelo ambiente quando dançava a Bossa Nova, ela lhe inspirou dias de ternura e de muita paixão. No entanto, tanto quanto Lhaìssen, ela também desapareceu e deixou-o com perguntas sem respostas e com uma lembrança incessante, estou errado, Marcell?

O ritmo alucinante, fluido e harmonioso da Bossa Nova o contagiou para sempre! As tardes daquele memorável outono em Paris, as palestras de um venerável mestre da Literatura sobre a Bossa Nova, histórias e legados à cultura e à alma brasileira, mudaram o rumo da sua vida, caro Marcell. A partir de então você começou, pouco a pouco, a seguir por outro caminho e por novos valores...

Disse, então, Marcell:

— E ambas tão belas (Lhaìssen e Isabella)... Você, Leonel, que vive nesta região pode concordar ou não, mas o que torna a procura por Lhaìssen, ainda mais

atraente e instigante, e a sua beleza ainda mais exuberante, é exatamente porque as situações de procura são todas tornadas difíceis, como se ela estivesse coberta por um manto protetor. No caso dela, a simbologia intransponível que ela usa para comunicar-se representa um encobrimento. E o encobrimento e o mistério, você bem o sabe, caro amigo, representam uma parte essencial da atração. Enfim, o que é mais difícil, e mais misterioso, parece exercer uma maior a atração.

— *E já que falamos tanto de memórias, você se lembra, caro Marcell, disse Leonel, das nossas aulas de Filosofia, quando estudamos a obra do grande filósofo Santo Agostinho (354 d.C. - 430 d.C.)? Ele diz exatamente isso, em relação agora a textos. O 'encobrimento' faz o texto ficar atrativo! Ele, inclusive, cita o exemplo das Sagradas Escrituras, citando que Deus obscurecera propositadamente as Sagradas Escrituras, o encobrimento sendo as metáforas (ou parábolas), para as tornar atrativas. Como um belo vestido torna a mulher que o usa mais atraente, 'o vestido' feito de metáforas (parábolas) atrai as Escrituras. Em outras palavras, o 'revestimento' é essencial para as Escrituras, do mesmo modo que para o belo; maximiza 'o prazer através do texto' e torna a leitura um ato de amor* (Santo Agostinho, 2017).

E, assim, essa visita a Leonel continuou por toda a noite, com o relembrar de momentos, reminiscências do passado, divagações sobre o significado e a essência da vida, sobre a beleza e, também, às vezes, até um desenrolar de diálogo mais incisivo, entre dois amigos que seguiram vidas e valores bem diversos. Leonel Dresdem acreditava no valor inestimável e inalcançável da ciência, notadamente da matemática, como um meio de se alcançar uma ordenação da realidade, o descobrir da verdade e o proporcionar do bem-estar, por meio de construções lógicas e de aplicações. Porém, a vida e o olhar condicionaram Marcell Flanders a acreditar em outros valores e a procurar respostas a questões mais profundas que o conhecimento científico não responde.

"Existem outros meios de conhecimento, como a pintura, a poesia, a literatura, a fotografia, que nos proporcionam saídas para redescobertas", conjecturou Marcell a Dresdem.

Marcell Flanders preocupava-se com o significado oculto das coisas, com o lado humano, as emoções, as intenções, as atitudes e as paixões. E já bem tarde, com o adentrar da madrugada e o aparecimento da Aurora Boreal, os dois amigos, a despeito do frio, dirigiram-se para a aprazível varanda da casa de Leonel. Para surpresa de Marcell, Leonel Dresdem colocou para tocar numa antiga vitrola, vários discos em vinil de velhos sucessos da Bossa Nova. Ouviram "Insensatez", "Meditação", "Samba de uma Nota Só", "Desafinado", "Corcovado", "Garota de Ipanema"...

— *Leonel, disse Marcell Flanders, ouvindo esses velhos sucessos da Bossa Nova comecei a entender o porquê de se dizer tanto por aqui que o passado e o presente se mesclam o tempo todo. Para lhe ser bem sincero, relembro-me agora em detalhes o que me disse uma vez, quando o encontrei em Genebra, o grande escritor Jorge Luis Borges (1899 - 1986), um dos maiores de todos os tempos, autor do célebre 'O jardim dos caminhos que se bifurcam': 'Percebemos', disse-me ele, 'apenas uma imagem incompleta do universo. Diferente de Newton, Einstein e filósofos como Schopenhauer, que acreditavam num tempo uniforme, absoluto, eu acredito num tempo múltiplo, em infinitas séries de tempo, em uma rede crescente e vertiginosa de tempos divergentes, convergentes e paralelos. Essa trama de tempos passados e presentes que se aproximam, que se separam em bifurcação, se cortam e se ignoram, contém todas as possibilidades. Não existimos na maioria desses tempos; em alguns desses tempos existe você e não eu; em outros, eu, não você; em outros, existimos os dois'...* (Borges, 2007) .

E Marcell disse, ainda:

— *Eu acrescentaria, por fim, Leonel, que em alguns desses tempos, passado e presente poderiam existir simultaneamente, num estranho entrelaçamento. O que é intemporal, assim como a 'velha' Bossa Nova, estará sempre no presente.*

V. O "Lugby"

> *Há derrotas que têm mais*
> *dignidade do que a própria vitória.*
>
> (*Jorge Luis Borges*)

Um pouco sem esperanças quanto a Lhaìssen, no dia seguinte ao encontro com Leonel, Flanders retornou a sua casa, em *Vingolf*. Antes de deitar, ligou a televisão a tempo de assistir ao final de uma partida de Lugby entre o time local (*"Vingolf Lugby Team"*) e um time de uma cidade ao norte da região. O placar estava dilatado, em plena vantagem ao time visitante, e segundo o locutor não havia mais possibilidade de uma vitória numérica para o time local, mas havia expectativas, ainda que remotas, do chamado – e raríssimo – *"ponto de ouro"*, não alcançado há anos e que garantiria a denominada *"Coroa Épica"* do Lugby.

A *"Coroa Épica"* é um momento único que, no mundo *Viking*, equivaleria ao ápice da realização, do sucesso, da coragem e da inteligência. Infelizmente, Marcell não assistiu ao término da partida. Estava cansado demais pela viagem e, ademais, não entendeu nada do que foi dito pelo

O bistrot e outras histórias

locutor. Achou até um abuso de linguagem o termo vitória numérica, pois num esporte não há outro tipo de vitória senão a numérica!

No dia seguinte, Flanders já estava de volta a sua rotina: Cafeteria, a mesinha próxima à janela, os chás da Larissa, os muitos livros, as leituras, a incessante motivação, mas, ao mesmo tempo, muita desolação por ter se perdido na busca. Não vê-la mais todos os dias a caminhar pela Rua Thursdem, a espalhar energia e encantamento, sempre vestida com aquele elegante terninho era frustrante para Marcell.

Pensou ele, agora que o inverno chegara, o *"quão ainda mais graciosa seria a cena de vê-la passar todos os dias diante de sua janela, com o preto do terninho a contrastar com o branco da neve que, então, começava a cair"*. Só aí percebeu o quão já entrosado estava naquele dia a dia, pois começara a formular aquelas frases que julgava um tanto ingênuas, meio que tolas, que escutara logo que chegara.

Havia, entretanto, uma preocupação: os dias na mítica *"Helmi Borealis"* estavam chegando ao fim. Em uma semana ele deveria partir. Num dos últimos dias na Rua Thursden, próximo a sua partida, ao chegar à Cafeteria, ele encontrou, na mesinha, mais um bilhete, sem assinatura, no qual estava escrito apenas: *"Percurso incompleto".*

Perguntou a Larissa e a outros clientes que lá estavam, se tinham visto quem o colocara sobre a mesa. Ninguém sabia. Ele foi até a joalheria, procurou por Lhaìssen, mas ninguém a via já há algum tempo. Na véspera da partida, olhou brevemente para fora da janela e viu, em meio à forte nevasca, que Ingred e Tamara lhe acenavam, como em despedida. Retribuiu o aceno. Elas não se demoraram, pois o frio era muito intenso, e não já mais havia as flores para apreciar.

Outros "personagens", também contumazes clientes da Cafeteria, começavam a se despedir de Marcell naqueles últimos dias: o senhor Johnson, oficial aposentado da Aeronáutica, e o seu fiel cão labrador "Shiva", deram-lhe um forte abraço. E quando estavam bem próximos à porta de saída, "Shiva" subitamente retornou a Flanders, mostrou-lhe as patinhas e dirigiu-lhe um olhar de adeus e de amor, esbanjando sabedoria (coisas de cachorros). Em seguida, caminhou sem pressa até a saída, mas sem abanar o rabo.

A senhora Growald, antiga professora de Letras da Universidade local, muito séria, que embora aposentada aparentava estar sempre muito compenetrada, presenteou Marcell com um livro sobre Mitologia.

As adolescentes Maria e Mirna, que estavam sempre a estudar e a conversar alto sobre os afazeres e as lições da escola – elas estudavam numa escola vizinha à Cafeteria e gostavam muito de conversar e pedir ajuda a Marcell quando estavam em apuros com os exames de Matemática – o presentearam com cópias do diploma de conclusão dos estudos escolares, com dedicatórias nos versos, escritas numa linguagem que ele não entendia. Disseram que era costume local dizer coisas muito preciosas numa linguagem diferente e que ele um dia conseguiria entender (Marcell não disse que conhecia, e muito bem, esse costume e esboçou um sorriso; lembrou-se de Lhaìssen).

Larissa também se despediu de Marcell de modo muito sensível, e nem poderia ser diferente. Larissa e Marcell, logo nos primeiros dias após a chegada de Flanders às terras da Aurora Boreal, chegaram a namorar por um curto período de tempo. Marcell recordou-se e agradeceu, pois com ela aprendeu a levar uma vida mais reclusa, uma vida simples e bem caseira, a ver televisão, sobretudo os programas sobre esportes e as partidas de Lugby, esporte que aprendeu a gostar e que, ao contrário do que se conjectura, não é violento; ele é quase como uma metáfora em forma de jogo, em que – como quase tudo por aqui –, os significados de uma partida são, às vezes, ambíguos e surpreendentes.

Flanders habituou-se a convidar amigos para um almoço aos finais de semana, a ir ao cinema, a comer pipocas. Isso era algo que Flanders não fazia há muito tempo e confessou a Larissa:

— *Quanto tempo eu havia desperdiçado, a beber ao invés de comer pipocas. E nunca trabalhei com tanta intensidade e tanta motivação quanto aqui na Cafeteria. Essa é a vida a que gostaria de dar continuidade, mas tenho que me despedir dela. Sinto-me mais feliz do que nunca. E aqui, cara Larissa, usufruo de momentos sagrados em que não faço nada...*

Ambos sorriram e Larissa ofereceu-lhe um chá da tarde, com algumas comidas típicas da região. Depois, deu-lhe um abraço, tiraram fotos, despediram-se... Mirna e Maria ainda estavam por lá e também participaram da pequena confraternização. A todos que o procuraram para se despedir, Marcell os presenteava com o livro que acabara de concluir e editar, intitulado *"Mitologia e a presença do passado"*.

Havia também um senhor, que se despediu por último, o senhor Ivan Morel, um solitário que outrora morara em outro país e que chegou a ajudar Flanders com algumas aulas informais sobre o idioma e a cultura local. Segundo Larissa, ele foi um diplomata famoso, mas que depois de aposentar-se preferiu a solidão e o anonimato; disse Larissa que ele participou de acordos para preservação do meio ambiente e conservação da memória, mas

O bistrot e outras histórias

por esses caminhos frustrantes da diplomacia e da política ele resolveu, ao se aposentar, dedicar-se a uma vida simples e recatada, apesar de ainda ser hoje muito requisitado pelos governos seguintes ao que ele representara.

Marcell dedicou-lhe um autógrafo do seu livro e conversaram um pouco. Ele agradeceu pelas aulas e pela paciência de tê-lo escutado sobre Lhaìssen. O senhor Ivan, ao sair, deu um forte abraço em Marcell e disse:

— *Muitas vezes, o tempo se entrelaça em nossas vidas. Quando você menos esperar, Lhaìssen reaparecerá mais uma vez. O tempo e a vida têm uma magia que não compreendemos muito bem!!*

Finalmente, chegara o dia da partida. No aeroporto, e já na Sala de Embarque, próximo ao portão 33, Flanders percebeu que o recinto não estava tão cheio quanto o esperado, pois, pelas nevascas dos últimos dias, que originara o cancelamento de inúmeros voos, muitos passageiros preferiram não arriscar.

Havia um casal de jovens com duas crianças de colo bem à sua frente, com as feições pouco relaxadas, tomados pelo cansaço e pela aparente pouca experiência em lidar com crianças, e os jogadores do time visitante de Lugby, que ainda tentavam embarcar, após tantas tentativas frustradas devido ao mau tempo. Estranhamente, os jogadores estavam com os semblantes contraídos, mesmo após a vitória sobre o time local e a conquista do campeonato, exposta no troféu levado pelo capitão do time. Flanders, então, lembrou-se do que havia dito o locutor sobre um tal *"ponto de ouro"*. Marcell se aproximou do capitão do time visitante, apresentou-se e perguntou:

— *Qual o motivo dos semblantes tão carregados se vocês venceram a partida e o campeonato? Sou um amante do Rugby e penso que, em essência, são um mesmo esporte. Estou enganado?*

O capitão visitante respondeu:

— *Senhor, entre o Lugby e o Rugby existe uma diferença sutil e que os diferencia notavelmente. O Lugby exterioriza, como nenhum outro esporte, o valor do viver e do traçar planos em prol da convivência e do bem-estar do grupo, os planejamentos e as estratégias para se alcançar uma meta (o gol) são todos fortemente dependentes do coletivo e pouco das individualidades. Sobretudo no Lugby, senhor Marcell, pode-se dizer que há derrotas que valem mais do que vitórias.*

O time de 'Helmi' conseguiu o 'ponto de ouro', algo raríssimo, e venceu a simbólica e intemporal "Coroa Épica" o que os qualifica para a eternidade desse esporte. É uma tradição milenar, que nos é herdada do mundo Viking. Nesse nosso esporte, que acredito que não foi ainda de todo entendido pelo senhor, existem doze jogadores, dispostos em três linhas de quatro, sendo quatro na defesa, quatro no

73

meio e os outros quatro no ataque. Os gols são feitos exclusivamente pelo pessoal do ataque, embora jogadores das outras duas linhas possam participar da construção dos lances e alimentar o ataque.

A única exceção a esse regramento ocorre quando um time está já irreversivelmente perdido, sem chances de vitória. Nesse caso, o seu capitão, nos últimos cinco minutos de jogo, pode levantar o braço direito para o árbitro, o que significará que o time perdedor tentará o 'ponto de ouro', um ponto que é conseguido apenas pela participação e consecução dos quatro jogadores de defesa. É um ponto épico, pois os quatro jogadores de defesa, num esforço sobre-humano, devem vencer as três linhas do time adversário.

Esse ponto épico é resultado não apenas de um esforço físico, mas de estratégia, de inteligência, de coesão e de uma perfeita sintonia entre os jogadores e, embora não alterando o resultado do confronto, confere como uma áurea mística ao time que o alcança. Esse ponto é raro de ser alcançado, pois além do desgaste físico de quem o almeja, o time vencedor da partida fará o possível para não cedê-lo, porquanto isso pode significar até a perda de preciosos pontos a serem descontados já ao início do próximo campeonato, o que resultaria em uma desvantagem inicial para o campeonato vindouro.

O 'PONTO DE OURO', consubstanciado na entrega da "Coroa Épica", tem um significado que transcende o esporte na cultura Boreal. Significa que, por vezes, são mais importantes as tentativas, os esforços, a seriedade, a procura, do que propriamente um resultado de derrota. Essa derrota pode ser meramente aparente. É o que chamamos de uma vitória na derrota. E é uma grande vitória, vale mais do que a conquista de um campeonato. Desde os milenares tempos dos Vikings, os nomes dos jogadores de defesa participantes do 'ponto de ouro' se eternizam por meio de homenagens e têm os seus nomes escritos num apêndice do milenar livro sobre o Lugby, escrito há mais de mil anos. Esses jogadores tornam-se, ao mesmo tempo, herdeiros e signatários de uma espécie de milenar 'Hall of Fame Vinking'".

Flanders despediu-se do capitão visitante, agradeceu pelas explicações e passou a refletir sobre tudo o que ele lhe havia dito, principalmente quanto ao valor da procura, do exercício da persistência, da paciência e da inteligência. Marcell percebeu que no saguão de embarque havia também religiosos, que retornavam de uma conferência sobre "Cristianismo e Mitologia", e à sua direita havia uma jovem com um gatinho preso numa cestinha e que miava o tempo todo, desejando carinho e atenção, como só os gatos sabem como fazer.

Também à sua direita, mas um pouco mais distante de onde estava, havia um pequeno grupo de três jovens mulheres, uma delas de chapéu e

O bistrot e outras histórias

óculos escuros, portando também um longo sobretudo preto. Duas das jovens se aproximaram de Marcell, pediram-lhe um autógrafo e se apresentaram pelos nomes de Tânia e Farmii , amigas de Mirna e Maria. Conversaram e tiraram fotos com Flanders. Logo se afastaram.

Percebeu Marcell, quando tirava fotos, que a terceira jovem – a que usava chapéu –, sentou-se atrás da poltrona em que ele estava sentado, e logo se portou a ler algum livro. Como o tempo passava e, certamente, o voo atrasaria, Marcell começou a tentar sintonizar pensamentos e conjecturas sobre tudo o que havia passado nas terras da Aurora Boreal. Como que inebriado sem mais discernir entre mito, sonho e realidade, e um pouco exausto, quase gracejando, acabou por desabafar e dizer de uma forma audível aos que estavam mais próximos:

— *O velho Odin prepara armadilhas a todos que, como eu, pensam em se aproximar da sua amada: códigos indecifráveis, mensagens lacônicas, aquele olhar intenso... e até jogos em que vitoriosos podem se sentir derrotados. Tudo isso não é deste mundo! E mesmo tendo deixado o mundo dos deuses, Lhaìssen continua sendo inacessível aos humanos.*

Ao terminar de expressar o que o estava atormentando, reparou Marcell que os mais próximos o escutavam e o olhavam sutilmente, todos a esboçar um sorriso comedido. Mas a jovem de costas a sua poltrona, sorria... sorria muito, quase que descompassadamente, e somente interrompeu o sorriso quando se afastou, sob o olhar curioso de Marcell, e caminhou em direção às duas amigas, Tânia e Farmii, que se encaminhariam ao portão 31 para despedirem-se. Após as despedidas, a terceira jovem tirou os óculos escuros e o chapéu preto, deixando à mostra os longos cabelos loiros. Ela, então, olhou furtiva e intensamente para Marcell e caminhou resoluta, espalhando deslumbramento rumo ao portão de embarque número 33...

VI. Epílogo

— *Senhor Marcell, senhor Marcell, desculpe-me incomodá-lo... O senhor parece tão absorto em pensamentos distantes, ficou assim por quase toda a tarde, mas uma sua amiga lhe telefonou e disse-me que gostaria muito de falar com você. Eu lhe disse que o senhor estava ocupado e ela me disse que ligaria depois* — disse Lina, quase já se preparando para ir embora para casa.

— *Você sabe quem é? A pessoa não se identificou?* — perguntou Marcell, e Lina respondeu:

— *Ela me disse tratar-se de uma amiga distante, senhor Marcell, e que o senhor a conheceu em outro tempo e lugar. A voz dela era suave e pausada. Daí por diante achei melhor ir escrevendo o que ela me falava... Disse-me que o senhor iria se lembrar dela do 'Lugby' e de 'Helmi Borealis'. Perguntei duas vezes sobre o que é 'Helmi Borealis' e ela, um tanto relutantemente, disse-me que é um lugar onde existe harmonia entre as ações e os valores, onde a intemporal Bossa Nova é a música preferida, onde as derrotas podem valer mais que vitórias e onde a beleza das mulheres está no caminhar, na coragem, no sorriso, no oculto, na suavidade e na furtividade do olhar...* A partir daí a ligação caiu e ela não mais retornou.

— *O nome dela era Lhaìssen Lann, cara Lina?*

— *Sim, senhor Marcell. Perguntei duas vezes e ela educadamente me confirmou. Para finalizar, senhor Flanders, pois preciso ir para casa, há algo que ela me disse que é um tanto diferente do que hoje se pensa sobre a vida, relacionamentos. Fiquei muito pensativa... e nem sei se devo dizer, mas... Bem, ela falou que o senhor precisava aprender a ler o significado das mensagens, menos com a ajuda da razão e mais observando as entrelinhas da vida, do tempo e das lembranças...*

Desencontros

Venezianas

*Entre um ponto qualquer do presente, e o passado, existe
uma rede de memórias, que se entrelaçam através do
inconsciente e da dinâmica do tempo.*

(Marcel Proust,"Em busca do tempo perdido")

IV. Polícia Metropolitana de New York, 1ª Delegacia de Manhatan. Natal de 1971

— Bem, senhorita Rosalyn, lamento tê-la incomodado às vésperas do Natal. *Agradeço por ter vindo sem que precisássemos intimá-la. Os fatos brevemente relatados a seguir não lhe são muito favoráveis e adianto que um processo penal por roubo internacional de relíquias artísticas, corrupção, falsidade ideológica e fraude fiscal estão praticamente consubstanciados. O que a senhorita tem a nos dizer?* —enfatizou o delegado de Polícia, senhor Cristian Di Braies.

— Não tenho muito a dizer, senhor Di Braies, pois nem sei bem o que estou *a fazer por aqui. Do que estou sendo acusada? O senhor poderia me adiantar? O que o senhor acabou de me falar* não faz o menor sentido. Mas antes que me relate o que quer que *seja, ao que parece a meu desfavor, uma curiosidade, senhor delegado, se me permite perguntar: Di Braies é um nome de um dos locais mais belos em que já estive, o Lago Di Braies, situado no norte da Itália, conhecido pelas águas cristalinas e por estar entre os Alpes Dolomitas. Quando criança passava as férias de verão com os meus pais e irmãos numa cidadezinha de nome Bozzano, próxima ao Lago. Como o senhor já deve saber, eu sou de Veneza, que não é muito distante do Lago Di Braies.*

— A senhorita é uma jovem muito curiosa e muito bela, se permite dizer, *com todo o respeito, mas eu lhe respondo: eu nasci em Bozzano e meus pais em Di Braies, uma vila à beira do lago. Durante a Segunda Guerra Mundial, o Lago Di Braies foi palco do transporte de presos de campo de concentração para o Tirol. Por essa época, meus pais, por segurança, com os dois filhos, eu e meu irmão, resolveram emigrar para os EUA. O sobrenome Di Braies é uma herança secular, incorporada à família por nossos antepassados como uma homenagem ao Lago Di Braies. Muitas coincidências, não senhorita? E, a propósito do Lago Di Braies, senhorita De Ellen, eu sei que os seus pais, a despeito de se mudarem para a América e aqui se estabelecerem no ramo de vidros e cristais, mantêm uma casa de veraneio no Lago Di Braies. Quando foi a última vez que por lá esteve?*

I. De Ellen (1950): razão e intuição

Rosalyn De Ellen, filha única da atual geração dos De Ellen, assistia, no Conservatório Veneziano de Música, a uma aula teórica relativa ao último quarto do ano letivo de 1950. Além de aluna – uma violinista promissora – De Ellen participava do Conselho Financeiro e Administrativo do Conservatório e representava, pelo menos a princípio, os interesses dos alunos.

Como conselheira, dentre outras atribuições, ela opinava sobre eventuais cortes financeiros, e, por exemplo, manifestava ao Conselho Diretor do Conservatório, as repercussões entre os estudantes quanto aos remanejamentos e reduções de despesas e sobre o processo seletivo para ingresso de novos alunos.

E confirmando rumores, ao renomado Conservatório, após décadas, novas bolsas de estudos para especialização tinham sido oferecidas por um recém-criado Fundo Internacional, o "GP Literary Trust" – GP seriam as iniciais de algum provedor (desconhecido) ou de alguma entidade provedora (também desconhecida). E alguns novos bolsistas agraciados pelo *GP Trust*, estavam chegando ao Conservatório.

Rosalyn percebeu, quase ao final da aula, o ingresso de quatro novos alunos – dois alunos e duas alunas. As alunas, segundo se comentava, teriam vindo de algum país africano. E como quase sempre ocorria, De Ellen discordava sobre os critérios estabelecidos para o exame de ingresso de alunos, o que a levou a não participar do processo seletivo.

Sobre as escolhas de novos alunos, a Congregação do Conservatório teria deliberado sobre critérios há tempos. Os conselheiros observavam que não há, em música, assim como não há em artes, ou poesia, ou literatura, ou qualquer outra área em que o inconsciente e o instintivo devam se manifestar, a contumaz, entediante e rigorosa transparência que não deixa aberta a possibilidade de intuição nas escolhas. A intuição nas escolhas e na decisão quanto à seleção dos novos alunos teria que se fundamentar durante

O bistrot e outras histórias

as apresentações e performances, e observar-se sempre a criatividade e a espontaneidade dos candidatos.

Rosalyn olhou com mais vagar ao redor e percebeu que os dois novos alunos pareciam venezianos. Rosalyn soube depois que as alunas chamavam-se Rose Pierce, vinda da África do Sul, e Mary Gordon, uma tímida e bela africana da Namíbia, ambas violinistas e que tinham, apesar de muito jovens, um currículo de performances admirável.

Os rapazes chamavam-se Antônio Veneziano e Mario di Conza, ambos violoncelistas, de famílias venezianas tradicionais, e ainda que não necessitassem de apoio financeiro, foram agraciados com essas bolsas internacionais para seguirem com seus estudos. Os quatro novos alunos fariam um estágio de pós-graduação em Veneza e após decorridos dois anos seguiriam para a América, onde fariam parte da Orquestra Filarmônica de New York.

Como aluna do conservatório, Rosalyn era vibrante e inquisitiva, sempre disposta a questionar os mais variados tópicos teóricos. E embora acompanhasse com esmero os tecnicismos nos acordes, sintonias e harmonias durante os ensaios da orquestra, ela sempre estava disposta a algum tipo de improviso e inovação. Às vezes, seus ensaios eram exaustivos, pois além de se propor não só a seguir com o maior rigor o que lhe era solicitado pelos mestres, de modo a fazer com que o seu violino não dissonasse no conjunto da harmonia, a sua criatividade obstava com frequência o andamento melódico do tempo orquestral.

No entanto, De Ellen vivia numa constante dualidade: em contraste a essa postura de uma aparente instigante curiosidade, criatividade e intuição mostradas no Conservatório durante os ensaios e com frequência até nas apresentações, na rotina da sua vida privada ela tinha um comportamento determinístico, muita submissa a escolhas racionais. Comportamento que também era contumaz em sua atuação como Conselheira no Conservatório. Por exemplo, sua escolha, quando hesitava entre uma situação "X" e uma situação "Y", era sempre explicável e jamais se deixava levar pelo lado intuitivo: mediante uma análise racional, se verificasse que "Y" era melhor do que "X", então escolheria "Y". Essa escolha seria bem fundamentada e, portanto, para De Ellen não havia muito mais a conjecturar, pois o ato de decidir tornava-se autoexplicável a partir de uma análise racional.

Para De Ellen, o ato de decidir jamais exigiria um salto além da racionalidade, uma confiança no poder da intuição. E embora a intuição possa, por vezes – "ou quase sempre", como diria Espinosa –, sobrepor-se a uma conjectura meramente racional, De Ellen não teria ainda descoberto esse caminho menos lógico de interpretar os acontecimentos do dia a dia, o que lhe ocasionava, não raro, erros de avaliação em relação a situações na vida em que ocorrem tomadas de decisão que nem sempre podem ser explicáveis.

Rosalyn De Ellen vivia, portanto, entre dois contrastes (uma dualidade): na sua vida pessoal era pouco intuitiva e muito racional, e na vida acadêmico musical fazia da intuição e de uma constante curiosidade as suas melhores guias de aprendizado e performance. E como todo aquele que vive numa dualidade, acaba por não viver em completude.

Rosalyn começou, além da música, a se interessar também pelos bailes venezianos de máscaras, nos quais passou a vivenciar personagens (mascaradas) que se contrastavam, em feitio e essência, com o seu lado lógico de encarar o cotidiano. A vida, para De Ellen, passou a se representar como num grande Teatro, no qual atores mascarados interpretavam sentimentos recônditos, contrastes inesperados de caráter, falsos comportamentos e as desmedidas e dissimuladas sensações de ludibriar o próximo.

Um ano após o breve primeiro encontro com os novos estudantes, De Ellen foi convocada a participar de uma reunião extraordinária do Conselho Financeiro. Havia problemas inesperados em relação a um corte abrupto na receita orçamentária do Conservatório, que doravante teria que ser administrado com um repentino contingenciamento e corte de despesas, e as verbas destinadas pelo Governo e pelo GP Trust em forma de bolsas teriam que ser reduzidas no ano em curso a um terço do valor inicialmente programado. E De Ellen deveria opinar (e decidir) sobre cortes de duas bolsas de estudo, dentre as quatro distribuídas aos alunos chegados ao último ano.

Ela deveria, seguindo suas inclinações pessoais e as imposições do Conselho Financeiro, estabelecer regras muito transparentes para fazer os cortes obrigatórios. Mas ela não perceberia que apesar da aparente justiça nas escolhas, o excesso de transparência pode revelar critérios nem sempre tão justos. E mesmo que possa parecer paradoxal, uma maior quantidade de informações não leva necessariamente à tomada de decisões mais acertadas. A intuição, por exemplo, transcende as informações disponíveis e segue sua própria lógica. E como aquele famoso psiquiatra (Carl Jung, 1871-1961) dizia, há certos eventos e situações que não percebemos de modo consciente, eles parecem permanecer abaixo do limite da consciência. Eles acontecem, são absorvidos e se manifestam de forma subliminar (inconsciente) (Dunne, 2010).

O bistrot e outras histórias

Os elementos instintivos e intuitivos representam manifestações desse inconsciente. Quando se estabelecem critérios seguindo apenas os caminhos da total transparência, a partir de toda uma onda crescente e massificante de informações, pode se estar reduzindo cada vez mais a capacidade superior do juízo, das decisões mais equilibradas, seguindo uma trajetória de equilíbrio entre a razão e a intuição. E assim não aconteceu com De Ellen: ao estabelecer as regras para o corte das bolsas, ela não notou que avaliar o desempenho humano e estabelecer critérios objetivos e lógicos para um trabalho prático, como avaliar os que trabalham na limpeza urbana ou o trabalho de um torneiro mecânico, não é um tema controverso, mas o é para um trabalho subjetivo, como o de avaliar o desempenho e a criatividade de um músico quando no todo orquestral, que requer uma decisão baseada menos em algum método analítico e mais em elementos instintivos.

E as regras internas especiais estabelecidas no Conservatório para direcionar o corte abrupto de despesas, influenciaram na não permanência das duas alunas africanas. Foram dois dos critérios fixados por De Ellen que culminaram no afastamento de Rose Pierce e Mary Gordon.

I. "Número de performances realizadas no teatro do Conservatório, e no teatro de Veneza.

II. Número de Partituras criadas a partir da orientação dos mestres e de maestros colaboradores".

É notório que pouca influência houve da longa tradição humanista, intuitiva e criativa do Conservatório, no estabelecimento de novos critérios de avaliação. Fatores como mudanças no modo de vida, em valores, e em elementos sócio culturais, muito influenciaram no rendimento de Rose e Mary nos poucos meses passados no Conservatório. E tudo isso levou ao não enquadramento de ambas nas regras estabelecidas por Rosalyn.

Um mês após o desligamento de Rose e Mary, outro ponto crucial para o futuro do Conservatório foi levantado durante a última Reunião do Conselho no ano de 1958, e era concernente ao desaparecimento de instrumentos valiosos (três violinos e dois violoncelos), dentre os instrumentos musicais históricos e de tradição secular que faziam parte do acervo histórico do Conservatório. Esses instrumentos, de valor incalculável, usados raramente (apenas em ocasiões especiais, no Grande Salão do Teatro Maior de Veneza) e insubstituíveis, tinham desaparecido ao longo dos últimos seis meses.

Além disso, dois espelhos milenares de longa tradição veneziana também tinham desaparecido recentemente, de um dos depósitos do Conservatório.

Tais fatos tinham sido mantidos em sigilo para não atrapalhar as investigações policiais, mas agora teriam que ser divulgadas aos membros do Conselho. A polícia não tinha pistas. De Ellen, como de hábito, não se importava muito com questões que não eram relativas aos alunos e se afastou da Reunião precocemente. Afastou-se tão erraticamente que esqueceu seus pertences (bolsa, documentos, talão de cheques, estojo de maquiagens e uma sombrinha para proteção da sempre neblina veneziana nessa época do ano). Afastou-se da Reunião de forma tão despropositada e espalhafatosa que sequer jamais retornou para reclamar pelos seus pertences. Essa seria a sua última reunião como membro do Conselho, pois o seu período de estágio no Conservatório estava por concluir-se. De Ellen não mais retornou ao Conservatório.

II. *New York e os Bailes de Máscaras* (1963)

Apesar de o costume do uso das máscaras serem muito antigo e remontar aos egípcios, que as usavam em cerimônias fúnebres para restituir o rosto de um defunto, ou, ainda, aos gregos, que as usavam nas peças teatrais para representar algum personagem, foi em Veneza – a cidade dos canais – que seu uso se disseminou e está associado não apenas aos simbólicos "Bailes Venezianos", mas, também, sobretudo, às origens do seu famoso "Carnaval".

O Carnaval veneziano (festividade tradicional, chamada nos primeiros anos de "Saturnália", remonta aos romanos, que no século XI resolveram honrar o deus Saturno e celebrar o renascer da vida e das forças da natureza após o rigoroso inverno). Era um período no qual os venezianos podiam se permitir divertimentos proibidos em outras épocas do ano, e as máscaras representavam a possibilidade de ser outro alguém por algum tempo. Além dos canais, do famoso carnaval, das artes em porcelana e cristais, e sede da emblemática "República Veneziana", que perdurou por mais de mil anos – a mais longeva em toda a civilização ocidental –, não por menos, Veneza é a cidade das famosas máscaras, dos disfarces, dos contrastes e dos excessos dissimulados.

Em busca de novos desafios numa distante América, a secular (ou milenar?) família De Ellen, de muita tradição na indústria dos vidros, vitrais e cristais – uma das grandes marcas venezianas – deixara Veneza há alguns anos, em busca de novos desafios, e, agora, vivia em New York. Rosalyn, que somente há poucos meses tinha deixado Veneza para se estabelecer em New

O bistrot e outras histórias

York, há muito tempo abandonara a longa tradição familiar, desde quando exercitara, seja a sua paixão pela música no Conservatório Veneziano, seja o interesse pelos disfarces que a levou aos "Bailes Venezianos". E por conta do interesse em disfarces, ainda nos últimos anos em Veneza, De Ellen tinha se tornado uma "Maschereri" (uma estilista, artesã confeccionadora de máscaras), profissão antiga e tipicamente veneziana ("pois não há lugar no mundo melhor para se disfarçar do que em Veneza", sempre dizia De Ellen, ao se expressar aos amigos e parentes).

Infinita em sua história, Veneza é a cidade de muitos simbolismos culturais e mistérios. Já no longínquo século XI, os ateliers dos "Maschereri" foram se multiplicando e a arte veneziana das máscaras se tornou famosa em toda a Europa. E apesar de esconder o rosto daqueles que as usam, as máscaras acabam por mostrar a personalidade de quem está por trás delas. Dentre os tipos de máscaras confeccionados pelos "Maschereri" de então, alguns ficaram famosos e perduraram ao longo dos séculos: o "Pantalone", por exemplo, representava uma caricatura dos mercadores da época, vistos como velhos ricos e avarentos.

Mas para Rosalyn De Ellen, o seu cotidiano em New York precisava alcançar uma rotina diferente. Ela pensou em algo totalmente novo em relação a disfarces, que representassem algo a se propagar e acomodar-se no ambiente social circundante; ao invés de confeccionar e repetir máscaras que representassem personagens criados ainda na Idade Média, De Ellen criou dois novos "atores", o "Buffoni" e o "Furfante".

O primeiro representava o palhaço, no sentido jocoso, aquele eterno canalha que fantasia os problemas da vida e para quem o cotidiano é um eterno jogo a ser jogado por espertos que se multiplicam e ditam as regras. O segundo representava o velhaco, o dissimulado, aquele a quem a vida é uma grande trapaça e para quem existe sempre uma propensão ao ilícito e à mentira, implícitos na própria rotina diária.

Esses personagens eram bem apropriados – foram bem pensados por De Ellen – à alta sociedade americana de então, permeada por celebridades internacionais e caracterizada pela extravagância, pelo fútil, pela rápida ascensão social e por um esnobismo pleno de falsos valores. De Ellen ligou-se a grande número de artistas e escritores, que com frequência chamavam a atenção para uma exuberante vida social, marcada, principalmente, nos "Bailes de Máscaras".

Os "Bailes de Máscaras" passaram a ser, na América dos anos 1960, um reflexo da carência de valores, do vazio e da materialidade da vida, e

Manoel Borgè

imitavam os tradicionais bailes venezianos na sua longa tradição de proteger a identidade de seu portador durante as atividades promíscuas ou decadentes naquela que era "La Serceníssima" República Veneziana.

E foi no verão de 1963, durante um dos primeiros "Eventos de Máscaras" que Rosalyn participou na América, realizado no Garden Place, de New York, então famoso local de eventos da alta sociedade americana, que ela teve uma grata e singular constatação que, embora estivessem com a aparência dissimulada pelo uso de vários adornos e maquiagens, dois dos integrantes da pequena orquestra que tocava no local e recepcionava os participantes usavam máscaras confeccionadas por ela, o que era um tanto inesperado, pois ela estava há pouco tempo em New York e as suas máscaras não eram ainda muito conhecidas.

A pequena orquestra se reunia apenas aos finais de semana, com o intuito de complementação de renda aos seus integrantes e de oferecer diversão aos participantes dos coquetéis oferecidos no Garden Place. O coquetel de 21 de agosto de 1963 foi organizado por um famoso escritor, de nome Gregory Pearsons, para comemorar a conclusão de um seu recente – e que viria a se tornar o seu mais importante e festejado livro intitulado *"O outro lado – Uma história inacabada"*.

Gregory narrava as peripécias de uma misteriosa investigação criminal em que o caminho tomado pelos investigadores parecia aprofundar os mistérios do crime e afastá-los, pouco a pouco, do esclarecimento do mistério. Nessa misteriosa trama, personagens sempre mascarados assaltavam, com sucesso, bancos, financeiras e, sobretudo, roubavam obras de arte em lugares pouco suspeitos, como salas de espera de alguém importante do mundo político ou, ainda, coleções particulares de milionários ou de entidades filantrópicos. Os personagens faziam questão de, ao final de cada fatídico roubo, deixar no local assaltado as máscaras usadas na concretização do sinistro. E as máscaras representavam sempre personagens diferentes, dentre os variados adornos caricatos que apareceram nos seculares bailes venezianos ao longo da história.

O evento organizado por Gregory foi amplamente divulgado e acabou por tornar-se um acontecimento paradigmático: "Um modelo para os eventos que acontecerão doravante", dizia Gregory, e assim recepcionava a todos os convidados que chegavam ao Garden Place para o coquetel de lançamento do livro. Gregory, um já consagrado escritor, era um personagem cuja vida parecia um tanto errática e misteriosa. "A vida imita a literatura", dizia Gregory aos amigos e convidados. Nos seus escritos constatava-se de modo pleno "a teoria do iceberg", em que é justamente "o não dito a base sobre a qual se constrói a história e a vida".

Gregory tentava tratar um fato do mundo real usando técnicas ficcionais, o que o portava a um novo modelo de escrever histórias: algo que fosse puramente factual e concomitantemente uma obra de arte. Pearsons era um mestre com as palavras. Alguns críticos o chamavam de o "ilusionista com as palavras". Ele costumava dizer aos críticos que "daquilo que não sabem sobre mim (ou sobre a minha obra), disso eu vivo".

E como sempre comentado por Gregory sobre "a vida imitar a arte", De Ellen observou que havia uma decoração no ambiente muito propícia a divagações sobre o último livro – "O outro lado: uma história inacabada" –, pois tanto quanto no livro o ambiente no coquetel era adornado com espelhos venezianos. Além disso, havia as máscaras, cujo uso era obrigatório para a entrada e permanência no recinto. Rosalyn sentiu com intensidade que havia algum mistério que circundava aquela noite, quase como um paroxismo diante das evidências postas pelas máscaras e espelhos. Era um ambiente veneziano: espelhos, máscaras, mistérios.

III. As venezianas, De Ellen e Gregory (1963)

— *Senhorita Roselyn – disse alguém que se aproximava, quando Rosalyn olhava com vagar, numa das salas, vários objetos valiosos e de cunho histórico, que ornamentavam o recinto: notadamente os espelhos e, principalmente. aqueles que eram os inconfundíveis espelhos venezianos. De Ellen logo percebeu que estava em companhia de Gregory e ficou surpresa de encontrá-lo.*

— *Senhorita De Ellen, gostaria muito de agradecê-la. Pode parecer estranho, mas a dispensa das alunas africanas Rose e Mary do Conservatório Veneziano foi fundamental para que elas me ajudassem magnificamente na finalização da obra e nos concertos dominicais (são ótimas violinistas, de uma genialidade natural, não somente para a música, mas para quaisquer outras atividades. Nisso se parecem muito com o meu jeito de ser)* — disse Gregory, e continuou:

— *A senhorita usou critérios tão objetivos para dispensá-las - classifico até de desumanos, visto que elas estavam em Veneza há pouquíssimo tempo e havia problemas sérios de adaptação e do notório desequilíbrio cultural ente as vidas até então vividas e os novos caminhos que a elas se traçavam – que tive de, de certa forma, compensá-las com oferecimento de uma oportunidade de vida e de trabalho na América. Eu já percebia que elas seriam dispensadas, pois estavam ambas sob sua responsabilidade e seus critérios excessivamente transparentes na avaliação que determinou as escolhas, não as contemplando com a permanência* — concluiu Gregory. E havia nele um sorriso maroto e envolvente.

— *Posso lhe questionar algo, senhor Gregory?* — perguntou Rosalyn.

— *Sim* — imediatamente aquiesceu Gregory, sempre com o mesmo sorriso.

— *É o senhor o proprietário do "GP Trust", um dos mantenedores do Conservatório de Veneza?*

— *Sim, senhorita De Ellen. Mas o Trust é apenas algo que me permite viver e consubstanciar as minhas histórias. Como lhe disse anteriormente, a vida é uma imitação da arte e não o contrário. Sou, também, concomitantemente, colecionador de obras de arte. A senhorita já deve ter percebido a quantidade e a qualidade de obras espalhadas pelo recinto. Há poucos anos passei uma temporada na África do Sul e conheci os pais de Rose e de Mary. Eles são como vendedores anônimos de obras de arte primitiva africana, atividade que não é, infelizmente, considerada legal, embora comumente exercida. Deles adquiri muitas obras raras (máscara, por exemplo). Foi nesse período que conheci suas famílias e, principalmente, Mary e Rose, as geniais africanas. Prometi ajudá-las e é o que tenho feito desde então. E elas também têm me ajudado, senhorita* — salientou Gregory, novamente exibindo o sorriso maroto e completando: — *Mas o que mais gosto de fazer, senhorita, é escrever. Sinto-me plenamente realizado quando finalizo uma obra. Aliás, para finalizar essa nossa agradável conversação, deixo-lhe um exemplar com dedicatória de agradecimento.*

Gregory entregou o livro e se despediu:

— *Agora, tenho que ir. Até mais ver! E, mais uma vez, obrigado. Ah! Ia me esquecendo de agradecê-la pelas venezianas. Elas foram importantes no processo de conclusão da obra.*

— *Até mais ver* — disse Rosalyn, que não entendeu o porquê de tantos agradecimentos e, sobretudo a menção às máscaras venezianas.

IV. Polícia Metropolitana de New York, 1ª Delegacia de Manhatan. Natal de 1971

— *Bem, delegado, acho que as curiosidades já se bastaram. Por que pretende continuar a falar sobre Di Braies?*

— *Porque agora não é mais por mera curiosidade, mas pelo inquérito senhorita.*

O bistrot e outras histórias

— *Não entendo, delegado. Como a minha vinda até aqui está relacionada ao Lago Di Braies e à casa de verão da minha família? Eu não estive no Lago De Braies desde que me mudei para a América há alguns anos.*

— *Senhorita De Ellen, não pensei que a senhorita fosse tão dissimulada. Desculpe-me dizer isso, mas as evidências contra a senhorita são muito grandes. Há muitos anos (mais ou menos há duas décadas) desapareceram de museus particulares por todo o mundo várias obras de arte, como quadros, esculturas e objetos valiosos de interesses diversos. E mais recentemente, esses roubos recomeçaram, e em muitos desses novos casos sempre são encontradas máscaras venezianas com a sua logomarca característica, que como a senhora bem sabe fica meio escondida por algumas artimanhas no tecido, mas que acabamos por descobrir com a ajuda da nossa equipe de pesquisas, que tem trabalhado com a Interpol. Dos roubos mais antigos, um dos mais misteriosos foi o ocorrido no Conservatório de Veneza, fato que coincide com o período que por lá a senhorita esteve. Foram roubados dois violinos seculares de valor incalculável e espelhos venezianos também seculares e de valor inestimável.*

— *Eu nunca fiquei sabendo de roubo algum no Conservatório, senhor delegado. Isso já faz tempo e não sei onde deseja chegar.*

— *Logo saberá, serei breve. A senhorita precisará de um bom advogado. Os espelhos, depois de longo tempo (algo que sempre acontece quando se roubam obras valiosas: elas são armazenadas por um bom tempo) foram colocados à venda em um procedimento de leilão e arrematados por um valor bem abaixo do valor de mercado. Como acontece com grande parte dos leilões, seja o vendedor, seja o comprador, têm os seus nomes mantidos em sigilo, protegidos, e quase sempre, quando descobertos, são nomes fictícios. No entanto, nesse caso, com autorização judicial, conseguimos rastrear o dinheiro, senhorita De Ellen, e descobrimos que a origem do pagamento foi uma conta sua no Banco de Veneza, e que os espelhos estão em Di Braies, na casa de veraneio de seus pais. Soubemos hoje pela manhã, após uma busca e apreensão ocorridas lá, e ainda não comunicada aos seus pais. E quanto aos violinos... Bem, o procedimento foi semelhante: foram leiloados em Chicago e pagos via transferência bancária da sua conta em Veneza. Nesse caso, porém, não conseguimos localizá-los. Mas há um detalhe nesse leilão em Chicago, mas antes que eu lhe fale, responda-me: a senhorita usa estojos de maquiagem com as iniciais de seu nome nele gravadas?*

— *Sim, senhor delegado, uso estojos como este que aqui está* — mostrou um estojo que tinha as iniciais do seu nome gravadas e prosseguiu — *mas continuo sem entender de toda essa "inquisição" (desculpe-me a colocação).*

— *Os porquês lhe são totalmente desfavoráveis, senhorita De Ellen. Foi encontrado, no saguão onde ocorreu o leilão em que foi arrematado o violino, um pequeno estojo de maquiagem, que tinha na capa as suas iniciais, idêntico a esse que a senhorita me mostrou agora. Como foram encontrados resquícios capilares nele, os exames de DNA confirmaram que o estojo é da senhorita. Portanto, senhorita, já foi solicitada e autorizada a sua prisão preventiva. Fico apenas à espera do seu advogado...*

V. Lago Di Braies, Café Dolomitas, maio de 2020

— *Lucca, finalmente terminei de ler o livro do Gregory Pearsons: "O outro lado – uma história inacabada"* , — disse Ana Chiara ao se encontrar com Lucca no Café Dolomitas. Ela e Lucca eram amigos, moradores em Di Braies e estudantes de Literatura numa Universidade local. Gostavam de tomar café em frente ao lago, sempre ao cair da tarde, e conversavam principalmente sobre Literatura.

— *E você gostou da história?* — perguntou Lucca.

— *Nem tanto, Lucca. Como o título mesmo diz, pareceu-me uma história inacabada* .

— *Sim, cara Ana. Isso foi o que sempre desejou Gregory, o misterioso escritor Gregory Pearson's . Lembre-se o que o Gregory sempre dizia à época em que escreveu o livro: "A vida imita a literatura". Veja atentamente Ana, ali, a poucos metros de nós,* há uma elegante e bela senhora passeando com seus dois cachorros. Está agora colocando os cachorrinhos dentro do carro, um jaguar verde musgo. Antes que ela parta, verifique a placa do carro e me passe, por favor, *Ana* — disse Lucca.

— *A placa do carro é Lago Di Braies, GP 1963, meu caro Lucca* — respondeu Ana.

— *GP são as iniciais de Gregory Pearson's, querida Ana. Nada se sabe dele desde 1963. Depois da festa de lançamento do livro em New York, ele viajou até a Amazônia Peruana com amigos e no seu retorno a New York, o avião desapareceu no Brasil quando voava sobre a Floresta Amazônica. Nunca foram encontrados vestígios da aeronave e muito menos dos corpos. De fato, Ana, toda essa história é inacabada, envolta em mistérios e circunstâncias estranhas, como talvez seja a vida. O próprio Gregory, num trecho dessa obra que você acabou de ler, diz que "na vida é bom sempre caminharmos, mesmo que estejamos perdidos, pois caminhando você, mais cedo ou mais tarde, construirá caminhos e encontrará o compasso certo*

O bistrot e outras histórias

das coisas". Mas o mais intrigante ainda não lhe revelei, Ana. Observe agora um senhor de cabelos totalmente grisalhos que caminha em direção ao jaguar onde está já acomodada a senhora De Ellen e os seus cachorros. Ele agora acabou por adentrar ao veículo. É o senhor Cristian Di Braies, chefe inspetor aposentado da Polícia Metropolitana de New York. Há mais perguntas do que respostas, cara Ana, seja no livro, seja na vida de Rosalyn De Ellen

— E por que o senhor Di Braies faz dessa história pessoal da senhora De Ellen e a do livro ainda mais intrigantes? — perguntou Ana.

— Vou contar em detalhes, desde o início, em Veneza. Mas não espere uma conclusão, pois são histórias, como já percebeu, inconclusivas. Você aceita mais um cappuccino, Ana?

Urbi et Orbi

E como se mundo mais houvesse, lá chegara.
(Camões)

VI

Rossana tinha como virtudes a insistência por buscar a verdade e a obstinação por fazer-se compreender. De certa forma, ela sugeria, em sua maneira de ser, de portar-se, e em suas buscas incessantes, o que o filósofo irlandês Berkeley (1685-1753) disse com muita propriedade e fama: Ser é ser percebido e, também, ser é perceber (Berkeley, 2010).

Rossana era uma brilhante advogada criminalista e por mais contrastante que, em princípio, possa isso parecer, uma amante da arte, da filosofia estética e da beleza, como o era seu marido, Aldo Veneziano, arquiteto e professor de Estética, morto no atentado ao Papa, ou *"(quase) atentado"*, como assim preferia chamar Rossana.

Ela, que também era professora na Universidade de Trieste, agora se encontrava em uma procura – quase obsessão – por recuperar a imagem do marido, envolto numa polêmica e acusações de envolvimento no atentado, e decidira aceitar o convite de participação em uma Mesa Redonda, com o intuito de resgatar a verdade, como ela insistentemente dizia.

"Segundo Aristóteles" (385 a.C. - 323 a.C.), argumentou Rossana no início de sua apresentação, o homem livre é todo aquele que é independente da precariedade da vida, dos seus imperativos e vicissitudes (H. Arendt, 2016). *"Salientava o mestre grego que seriam três as formas livres de vida, e todas têm em comum um interesse estético pela beleza, ou seja, pelas coisas não necessárias nem simplesmente úteis. e as três formas livres de vida seriam: i) a vida orientada para o gozo das coisas belas; ii) a vida contemplativa dos grandes filósofos , que investigando o que não perece nunca, permanece no âmbito da beleza perpétua; iii) a vida que gera ações belas na polis".*

Com essa breve exposição, Rossana iniciava suas argumentações durante a "Mesa Redonda Televisiva", organizada pelo canal estatal de Roma. A convite da emissora estatal, no estúdio de Roma, três meses após o atentado ao Papa, ela tentava construir uma nova versão do evento, até então tratado como um ato terrorista protagonizado por alguém alinhado às ideologias mais radicais e, quiçá, até financiado por algum grupo estabelecido fora da Itália. Ela própria participara de várias audiências, convocada para explicar atividades do marido – particularmente nos meses logo posteriores ao atentado – suas inclinações pessoais e o porquê de ela, de certa forma – indiretamente que fosse – apoiar o marido.

Nada se descobriu sobre ela. A sua determinação agora era estabelecer uma verdade (ou a verdade) sobre Aldo, a partir de um discurso sobre a beleza e suas variadas formas, fundamentada na estética de Aristóteles. Rossana acreditava, assim como Aldo, em valores eternos, como a **Beleza**, a **Verdade** e a **Bondade**, e se por algum motivo esses valores não fossem alcançados, não seria possível obter um significado maior à vida.

E para Rossana, continuando sua apresentação:

— *A beleza e a liberdade estão conectadas e são indissociáveis, pois somente um homem livre pode orientar a sua vida de forma a abarcar a beleza em sua plenitude. A nossa resposta ao mundo como seres livres é tal que devemos procurar sentidos, motivos (razões), significados, de acordo com nossos interesses e emoções e não de acordo apenas como nos é revelado pela ciência, com a natureza intrínseca desse mundo. O sentido do mundo está salvaguardado em conceitos que, sendo indispensáveis à liberdade – conceitos como a beleza –, crescem no fino extrato do discurso, do comportamento e das ações humanas. Como alguém, desprovido de liberdade interior,* argumentou Rossana, *numa luta incessante consigo próprio, em uma incansável busca de identidade, em constante conflito entre dois extremos, poderia encontrar sentido nesse mundo e buscar na beleza a inspiração e a intuição para dar algum significado à vida?".*

Assim continuou Rossana por algum tempo, imersa em um discurso sobre a beleza e sobre os limites da condição humana, quando essa condição implica impossibilidade de abarcar as sutilezas estéticas, suas inspirações e as diversas manifestações que compõem o belo.

Como arquiteto, Aldo amava a arte, a estética. E muito o inquietava não conseguir mais ter o discernimento que o levava não tão somente a apreciar a beleza, mas, também, a produzir belas obras em todas as suas formas e expressões. Aldo também não tinha interesse em competir, ou ser reconhecido, e nem buscava fama alguma. Ele era um pouco como os arquitetos ou escultores antigos na Idade Média, sobretudo os que faziam as suas obras e nada, ou quase nada, esperavam quanto a fama ou reconhecimento. Várias esculturas dessa época eram vistas apenas por Deus, escondidas atrás de alguma torre de alguma perdida catedral, e nem por isso deixavam os seus criadores menos felizes. Tal como Aldo, apenas amavam o que faziam, numa demonstração de amor às belezas da vida.

E a Mesa Redonda prosseguiu por algum tempo. Os outros participantes ficaram intrigados com o discurso de Rossana sobre beleza, estética e as impossibilidades de Aldo não mais as vivenciar. Todos, sem exceção, acharam o seu discurso desconexo com os fatos e longe da realidade. As argumentações dos participantes foram todas elas embasadas em tentativa de ato terrorista. O objetivo do discurso de Rossana não foi atingido. Era, acima de tudo, um discurso de difícil compreensão e que, de certa forma, refletia a personalidade de Rossana, conhecida também por ser, além de incisiva e de buscar a verdade, complexa nas palavras e nas ações.

Já ao final da Mesa Redonda e pela proximidade do Canal Televisivo Estatal a Piazza San Pietro, era possível escutar novamente, após algumas semanas de ausência do novo Papa, o início da benção dominical *Urbi et Orbi*.

V

"Um domingo de temperatura amena, preenchido por uma atmosfera serena que se espalhava pela Piazza San Pietro, foi subitamente interrompido pelo atentado ao Papa...". Assim, um famoso periódico de Roma inicia a sua manchete numa edição dominical especial.

"O Papa deixa o Vaticano após o atentado. Paradeiro desconhecido", estampa outro periódico, de Milano. *"Não há certeza ainda de que tenha ocorrido um atentado terrorista e, se o foi, até aqui há apenas um único suspeito, em estado quase terminal"*, é o que atesta o chefe de polícia de Roma.

Há muitas versões sobre o atentado, opiniões conflitantes, editoriais especiais de jornais espalhados por várias partes do mundo, e nesses tempos de excesso de informações, havia um congestionamento nas redes sociais. *"Assim, o aprazível domingo em Roma foi definitivamente tomado por incertezas: teria sido um atentado ao novo Papa? A escolha de um novo Papa, vindo de uma distante região de conflitos, onde os católicos são minoria e perseguidos por fanáticos, foi uma escolha acertada ?* É fato que esse insólito domingo, *após a benção papal, deixa nenhuma resposta a muitas perguntas"*, complementa a manchete de primeira página daquele periódico romano.

IV

— *Mario, Mario... Pensa ainda em mudar paradigmas? O que pensa em fazer?* — perguntou Aldo Veneziano.

— *Sim, esse é o caminho em direção a mudanças mais profundas, caro Aldo* — respondeu Mario, e continuou:

— *O carro papal está se aproximando. A história agora começa a ser mudada...*

— Não, *Mario...* Não, *Mario...*

Aldo não estava totalmente lúcido. Algo tinha lhe acontecido. Olhou ao redor. Havia algumas pessoas caídas, tumulto, gritos, barulho de sirenes. Ele procurou por Rossana, não a encontrou. A "Piazza di San Pietro", no entanto, estava intacta. O carro papal não era mais visível a Aldo. Difícil entender o que acontecera.

Aldo apenas recordara que pouco antes, ele e Rossana estavam ali, em visita ao milenar Vaticano, e que, segundo lhes haviam dito, o Papa, após a benção dominical, circularia pela famosa praça. Eles o aguardavam. Rossana, inclusive, chegou a ver o carrinho papal e apontá-lo para Aldo; ele o viu rapidamente. Depois disso não se lembrava de mais nada.

Aldo olhou mais uma vez ao redor à procura de Rossana. Não conseguia vê-la. Sentou-se, e sem forças, quase que desfalecido, ficou absorvido por recordações, lembranças de Rossana, do Friuli, dos ventos do Adriático, das uvas do Veneto (*"Das Uvas e do Vento"*, lembrou-se de um famoso livro de um de seus poetas favoritos, Pablo Neruda).

Das frias noites em Trieste, lembrou-se do Castelo de Miramare, monumento associado a uma inesquecível (e já esquecida) e intensa paixão, e de outras passagens de uma vida intensa, imprevisível. Memórias de um passado não tão distante... É natural que em momentos cruciais da vida – assim dizem alguns –, notadamente naqueles em que ela própria parece que se esvai, somos tomados por lembranças, que do inconsciente passam ao consciente, como em um filme mostrado em alta velocidade.

III

— *Não há outro caminho em direção a Trieste?* — perguntou Rossana, horas após uma torrencial e incomum nevasca interromper o trajeto Veneza - Trieste.

— Não há outro caminho, Rossana – respondeu Aldo. — *Devemos seguir pelo menos até a Estação de Treviso.* E, a seguir, ficou imerso num quase que misterioso silêncio. Depois, ele completou:

— *A menos que tomemos carona com algum veículo maior que ainda se locomova em meio a essa nevasca.*

Passou por eles, como antecipado por Aldo, uma caminhonete que ainda conseguia trafegar, mesmo com toda aquela neve. O motorista, de nome Mario, ofereceu-lhes carona até Treviso, uma cidade próxima. Mario era jornalista, uma espécie de jornalista investigativo, e escritor. Trabalhava num célebre jornal de Milano, para onde estava retornando após um final de semana em Veneza. Ele era exímio nas palavras. Bom comunicador, falava quase sem parar e sem dar ao outro a possibilidade de diálogo. Apesar de toda essa eloquência, quase impositiva, era um tipo simpático, idealista e extrovertido, com semblante e olhar suaves, característicos da juventude. Falou-lhes, falou-lhes muito, do ato de escrever, e como, por meio da escrita, pode-se alterar a realidade e fazer-se até uma inflexão na História. Dizia ele:

— *Há aquele escritor, a quem chamo de realista, que, ao escrever, narra suas experiências e mergulha fundo nos acontecimentos. Esse tipo de escritor acaba por retratar e dissecar características de um tempo, de uma sociedade, de uma classe sociocultural. São os escritores de não ficção. Um grande exemplo é Truman Capote (1924-1984). Há outros, entretanto, que são mestres em ficção, como Jorge Luis Borges (1899-1986), um exemplo de como, por meio do fantástico, pode-se alcançar a verdade.*

— *Mas qual é, então, a sua inclinação como escritor?* — perguntou Aldo.

— *Isso é aonde desejo chegar* – respondeu Mário. — *O escritor deve, na minha visão, através da sua narrativa, não apenas retratar a realidade, tanto a visível quanto a invisível, com sensibilidade, introspecção, intuição, mas, pela própria imaginação, traçar novos cenários de vida. Enfim, motivar pontos de inflexão na História. As grandes revoluções podem não necessariamente serem políticas, mas advir da própria literatura. Dom Quixote, a Divina Comédia, as obras de Shakespeare (1564-1616) e, porque não, as de Jorge Luis Borges (1899-1986), ensejam, se estudadas a fundo, grandes mudanças. As obras de Simone de Beauvoir (1908-1986), como "O segundo sexo", por exemplo, inspiraram todo o movimento de libertação feminina dos anos cinquenta e sessenta, e são um exemplo da influência direta que a grande literatura pode promover em mudanças sociais e de comportamento. Mas o que proponho é muito mais do que isso, talvez um misto de Capote e de Borges: o real e a ficção, juntos, a ponto de mudar a História. A minha inclinação, respondendo a sua pergunta, cara Rossana, está entre esses dois grandes nomes. Citaria duas obras, que contextualizam a minha tomada de posição: "A sangue frio", de Capote, e os "Jardins dos caminhos que se bifurcam",* de Borges, são obras seminais na Literatura.

— *Mas mudar a trajetória de tudo sem ser pela política não lhe parece um tanto prosaico?* — questionou Aldo.

— Não. Assim como não o é quando você vai a fundo *ao entendimento da verdadeira condição humana, refletida, por exemplo, nas obras de Shakespeare. Mas o que proponho é ainda maior: não ser apenas a literatura um polo norteador de inflexão na História, influenciando uma grande mudança de paradigmas. Darei um exemplo: imagine se, de repente, ocorresse algo como o desaparecimento, ou a mudança radical de um paradigma, como o paradigma das religiões, quaisquer delas. Isso, sim, seria um ponto de inflexão na História. Na história das civilizações, o papel da religião deve ser questionado sempre, assim como já o questionaram grandes escritores, como George Orwell (1903-1950), Thomas Paine (1737-1809) e, recente e enfaticamente, usando argumentos sólidos, Christopher Hitchens (1949-2011), com a obra "Deus não é grande". Para este último, numa visão radical, a religião é causa da repressão, violência e ignorância, sendo causadora das distorções das origens do ser humano e do cosmos. Hitchens propõe um novo iluminismo baseado na ciência e razão, no qual a esperança pode ser encontrada na fita do DNA ou por meio do telescópio Hubble. Ademais* — finalizou, Mario — *quanto há de misterioso, escondido, por exemplo, nos porões do Vaticano. Os subterrâneos do Vaticano escondem, quem sabe, os segredos da nossa civilização, da nossa História, e tudo isso nos é vedado*

Nesse ponto, pensou Aldo em outro adjetivo a Mario. Talvez, além de sonhador e carismático, surgia o de sombrio. A esse ponto da conversa, quando já se aproximavam de Treviso, Aldo contra-argumentou a Mario, e o que se observou a partir daí foi todo um fluir de inferências filosóficas, de correntes de pensamento e até de ideologias dentro daquela caminhonete, em meio a uma infindável nevasca que se abateu naquela região:

— *Mario,* — falou Aldo, num tom sereno e profundo — *um novo iluminismo não poderia apenas ser abarcado pela ciência e razão. Há muito não explicado pelas teorias científicas e que não pode ser contemplado pela razão. São os aspectos invisíveis da realidade, da nossa condição de seres humanos, expostos, como você bem o enfatizou, em obras portentosas, como as de Shakespeare. Além do mais, a religião traz* (além da sua componente direta em estabelecer um rito rumo ao essencial no plano humano/espiritual) *outro componente, acessório essencial à vida, ao ser humano: a beleza das suas obras, a noção de estética no todo e do belo. Pense um pouco, Mario, ao contemplar as belezas de Veneza... Veneza seria, sem dúvida, menos bela sem as grandes construções que adornam suas orlas, a Basílica de Santa Maria da Saúde, projetada por Longhena, a Ca' d'Oro, o Palácio Ducal. Mas, observe, essas construções possuem vizinhanças modestas, que não as rivalizam ou ameaçam.* São vizinhanças cuja principal virtude reside precisamente nessa afabilidade, em sua recusa *de chamar a atenção ou almejar a elevada condição de arte superior. Belezas arrebatadoras, como as citadas, são menos importantes na estética da arquitetura do que a adequação das coisas, a qual cria um contexto sereno e harmonioso, uma narrativa contínua como aquela que encontramos numa rua ou numa praça, onde se destaca e as boas maneiras aparecem. Muito do que é dito sobre a beleza e sobre sua importância em nossas vidas ignora a beleza essencial de uma rua despretensiosa, de um bom par de sapatos ou de um refinado papel de presente. É como se essas coisas pertencessem a uma ordem de valor de um soneto escrito por Shakespeare. Não obstante, essas belezas essenciais são muito mais importantes para nossa vida cotidiana do que as grandes obras que (se tivermos sorte) ocupam nossas horas de lazer. Elas têm uma participação muito mais complexa em nossas decisões racionais. Fazem parte do contexto em que vivemos, e nosso desejo de harmonia, adequação e civilidade encontram nelas expressão e confirmação. Além disso, a beleza das grandes obras da arquitetura muitas vezes depende do contexto humilde que essas belezas inferiores viabilizam. A igreja de Longhena, no Grande Canal, perderia sua presença confiante e invocativa se as construções modestas que se refugiam em suas sombras fossem substituídas por aqueles centros comerciais de concreto armado que arruínam, por exemplo, o aspecto da Catedral de Saint Paul, em Londres. Ou seja, as obras arquitetônicas belas e suntuosas, como as das grandes catedrais, ensejam na sua vizinhança outro tipo de beleza, mais arrebatador e eterno, a que chamo de belezas essenciais, das vielas, dos pequenos comércios e da vida dinâmica dos que por ali trafegam.*

Em meio a todo esse diálogo filosófico, enriquecedor, e de onde fluíam, de um lado, a **Beleza, a Estética e a Beleza Essencial,** como fatores convergentes e eternos, alicerçados por valores humanísticos, e, do outro, a necessidade de uma **Revolução de Costumes e de Mudanças de Paradigmas,** para que se alcance a uma completude de vida sustentada por valores herdados de um pensamento racional científico, sequer observaram que já estavam em Treviso, parados em frente à estação, de tão absorvidos que estavam pela conversação.

Até que Rossana, falou, batendo no ombro de Aldo, para despertá-lo:

— *Aldo... Estamos em frente à Estação de Treviso.*

II

Aldo e Rossana tinham deixado Trieste e ido passar um final de semana em Veneza para acompanhar a defesa de tese de um grande amigo de Rossana, de nome Marco, defendida com louvor. Marco, assim como Aldo, era um arquiteto, urbanista, professor universitário, mas, acima de tudo, como ele mesmo se autodenominava, era um humanista, amante da beleza, seja a beleza da alma, a beleza física ou, ainda, aquela advinda da doação, como a de Madre Tereza (1919-1997) de Calcutá.

Ele acreditava que a beleza é fundamental para uma vida bem vivida e que sem a beleza o mundo em que vivemos não seria um lar agradável. Marco também era amante do diálogo, gostava de fazer amigos, embora, às vezes, deixava-se influenciar pelas palavras e posições. Era, em resumo, o que se chama de um bom homem, ingênuo, simples, universalista.

Aldo, agora desempregado, defrontava-se com problemas bem sérios de dualidade – ou identidade, como dizem os filósofos, ou, como ainda preferem chamar os psiquiatras, com um tipo bem raro de Transtorno de Personalidade. Marco examinou a questão do ponto de vista da filosofia e tentou ajudá-los. Disse ele, em um jantar em Veneza, na companhia apenas de Rossana, logo após a sua defesa de tese:

— *A questão da identidade ou do Transtorno de Personalidade, como preferem tratar os psiquiatras, é uma questão delicada e embaraçosa, cara Rossana... Sou, hoje, o mesmo que fui ontem? Não pode uma mesma pessoa migrar de corpo para corpo, e um só corpo encarnar uma pessoa e outra pessoa? São perguntas inquietantes. Esse é um problema de identidade pessoal que filósofos debatem constantemente. Essa questão foi, pela primeira vez, em forma moderna, colocada por S. Tomás de Aquino (1225-1274). Para ele, a identidade de uma pessoa é determinada pelos mesmos procedimentos que utilizamos para atribuir direitos e responsabilidades – por exemplo, ao se perguntar quem fez algo, quem teve a intenção daquilo, quem é o responsável... As questões de identidade devem, por isso, serem tratadas da mesma maneira das outras questões reais: a partir do ponto de vista da terceira pessoa* (Chesterton, 2015). *O eu é um ponto de vista sobre o mundo, não um item dentro dele. Consoante essa argumentação de Tomás de Aquino, não desejando seguir pelos caminhos e explicações da psiquiatria, digo-lhe, com certeza, Rossana, que Aldo vivencia uma grave conturbação interior, silenciosa, um constante conflito entre duas pessoas habitando o mesmo corpo. Um digladiar-se sem fim, sem tréguas.*

No retorno para casa, eles passariam alguns dias em Trieste, e, então, deslocar-se-iam para Roma, a tempo de assistirem à benção dominical *Urbi et Orbi*, a ser celebrada pela primeira vez pelo novo Papa, vindo de uma região de conflitos religiosos.

I. Zurich, Clínica Psiquiátrica Dr. John Bossmann, inverno de 2001

— *Senhora Rossana,* — começou o Dr. Bossmann a apresentar o diagnóstico do marido de Rossana, Aldo Veneziano, numa fria tarde de inverno, em Zurich, na famosa Clínica Psiquiátrica Dr. John Bossmann — *existe, na literatura, uma novela gótica com elementos de ficção científica, terror e mistério, escrita em 1886, pelo autor escocês Robert Louis Stevenson, chamada de 'Strange case of Dr. Jekill and Mr. Hyde'. Nessa novela incomum, um advogado londrino investiga estranhíssimas ocorrências entre o amigo Jekill Utterson e um personagem um tanto sinistro chamado Edward Hyde. A novela é uma representação, muito bem escrita, do fenômeno de 'Múltiplas Personalidades', ou, como também é chamado, 'Transtorno Dissociativo de Identidade (TDI)', ou, simplesmente, 'Dupla Personalidade'. Esse tipo de transtorno é uma condição em que uma única pessoa* demonstra características de duas ou até mais personalidades distintas. *Sugiro-lhe, cara senhora,* — continuou o Dr. Bossmann —*uma, talvez, leitura da obra de Stevenson, como uma primeira introdução – não há nada que supere o texto de Stevenson sobre o assunto – ao problema do seu marido. Digo, apenas como uma introdução, pois o problema do seu marido é muito mais complexo do aquele apresentado por Stevenson.*

Lamento em dizer, o 'TDI', como é comumente conhecido, é, de certa forma, identificável, como é no caso de Jekill e Hardy, da obra de Stevenson, por situações externas que aos poucos vão configurando o problema. No caso do seu marido, o problema do 'TDI' é todo ele interior; é um problema silencioso.

Não há nenhum fato exterior estranho, *pelo menos até este momento, nenhuma manifestação comportamental muito evidente, que ajude na identifi-*

cação do problema. Consegui detectá-lo apenas usando técnicas extremamente sutis de hipnose e outros meios de regressão, ainda não de todo reconhecidos pelo mundo da psiquiatria. Poderia chamá-los de Métodos Experimentais. Há, talvez, apenas um detalhe que a ajude a saber quando ele estiver sendo tomado por um conflito entre dois seres habitando em seu interior: o profundo silêncio. É como se ele estivesse desligado por instantes do mundo real a sua volta.

Nesse estranho caso de Aldo Veneziano, consegui identificar duas personalidades, completamente antagônicas, conflitantes. Personalidades insólitas, que estão sempre a se encontrar: um é anarquista, quase um terrorista, desprovido de valores humanísticos, e o outro, você o conhece bem, um acadêmico, humanista, amante de valores estéticos, como a beleza, e acorrentado por problemas de identidade e, portanto, afastado do trabalho. Ambos não podem falar para terceiros um sobre o outro.

Ninguém acreditaria em alguém com problemas psíquicos que encontrou um anarquista com ideais terroristas e que quer destruir o mundo, assim como ao anarquista não seria conveniente dizer que a todo o momento encontra-se com alguém de valores humanistas – seria contraditório aos seus 'valores'. Explica-se, no caso de Aldo , o porquê de os encontros serem silenciosos.

Mas o que me preocupa, senhora, é que Aldo está num limite de esgotamento. O meu receio é que os dois personagens desapareçam. Infelizmente, senhora Rossana, não posso, por tratar-se, como já o disse, de um 'diagnóstico' informal baseado em técnicas experimentais, redigir-lhe um documento oficial. Portanto, solicito-lhe tratar esse diagnóstico com reserva e sutileza, pois, oficialmente, não poderia confirmá-lo. *O caso do seu marido é muito, muito raro".*

VII. Cafeteria Roma

Após participação na Mesa Redonda e ainda próxima ao canal televisivo, Rossana entra em uma cafeteria (Cafeteria Roma), pede um cappuccino e senta-se numa das mesas mais próximas à janela, de onde se avistava, numa bela paisagem de final da tarde, o imponente prédio do Vaticano.

Ela, aparentemente, parecia esperar por alguém, seja pelo vagar com que havia feito o pedido, seja pela maneira de se sentar e olhar insistentemente para a porta de entrada. Em um dado momento, entrou no recinto um homem usando um chapéu preto, óculos escuros e um casaco bege que lhe cobria até os joelhos.

Ele lembrava um pouco aqueles personagens antigos de histórias policiais que se camuflavam para se esconder de alguém ou da polícia.

O bistrot e outras histórias

Ademais, todo aquele aparato parecia ainda mais estranho, pois a luz, ao cair daquela tarde, já era um tanto oblíqua e sem brilho, e a temperatura era muito amena. Não fazia frio. O homem, após olhar atentamente todo o recinto, dirigiu-se à mesa onde estava sentada a senhora Rossana, e sentou-se numa das cadeiras que estavam à disposição.

— *Olá, Rossana* — disse o estranho cliente.

— *Olá, Mario. Pensei que não mais viesse* — respondeu Rossana. — *Você me ligou várias vezes na última semana dizendo que precisava falar comigo e me deixou um recado ainda hoje cedo.*

— *Sim, afinal já faz um bom tempo que não nos falamos. Desde o atentado (e foi mesmo um atentado, nós sabemos), escondi-me a planejar novos eventos do tipo. Agradeço por ter entretido e desviado, de certa forma, a atenção e o foco de muitos por encarar o ocorrido de outra maneira. Lamento pelo seu marido, mas os nossos objetivos são maiores. Tentaremos agora, cara Rossana, a "Galleria"* — disse Mario, e como se esperasse alguma manifestação de Rossana, fez uma pausa. E Rossana completou:

— *Galleria Degli Uffizi, em Firenze, famosa pela arquitetura, pelas obras de Arte e, como dizia Aldo, se me permite salientar, famosa também pela beleza essencial do entorno.*

Houve, então, uma pausa maior de ambos, que se entreolharam. Ela tomou o cappuccino, que a esperava, e Mario a observou. Dois homens caminharam em direção à mesa em que estavam, aproximaram-se e se postaram ao lado de Mario. Rossana os observou atentamente e percebeu algo de estranho. Então, Mario disse a Rossana:

— *Cara Rossana, lamento dizer-lhe que, finalmente, a apanhamos. Os dois senhores que acabam de chegar escutaram toda a nossa conversa. Eles são inspetores da polícia romana* — disse Mario .

Um dos senhores, o mais circunspecto e, aparentemente, mais velho que o outro, interrompeu Mario, tomou a palavra e salientou:

— *Já há algum tempo investigamos os tentáculos de uma organização crimi-nosa internacional, que opera também na Itália, cujo objetivo é o de desestabilizar governos com o intuito de gerar uma nova ordem mundial. Sabíamos que havia um contato italiano, um responsável, ou, como preferem chamar os italianos, um chefe local. A princípio achávamos que era o seu marido, mas nos enganamos. Chegamos a essa conclusão após o atentado ao Vaticano. Mario foi indicado pela polícia italiana a investigá-los desde a viagem que fizeram a Veneza. O encontro, naquela nevasca, foi, de certa forma, planejado. Sabíamos da condição do tempo...*

Bem, ainda não tínhamos plena segurança da sua real participação nessa orga-
nização e nem se, de fato, era a peça mais importante na Itália. *Agora, temos*
certeza. A Interpol agiu em outro país e prendeu um membro importante desse
grupo organizado, e ele confessou sobre a senha, que seria conhecida apenas pelo
responsável pelos atentados na Itália. A senha "Galleria" seria completada pelo
chefe italiano ao interlocutor por "Degli Uffizi , in Firenze". A senhora ainda nos
ajudou, indo além do que esperávamos, ao salientar que Firenze e a "Galleria
Degli Uffizi" era um dos lugares favoritos do seu marido.

Os inspetores se afastaram, com a senhora Rossana, que parecia surpresa, mas não mais se manifestou, apenas os acompanhando. Mario disse
que iria permanecer na cafeteria por mais algum tempo, pois precisava
tomar o lanche de final de tarde, acompanhado do habitual chá. E precisava
relaxar, pois o dia havia sido estressante.

Mario parecia sem pressa, e somente após algum tempo ele observou
que uma bela moça adentrara ao recinto. Jovem, resoluta, esbelta, ela era de
uma beleza exuberante. Em passos firmes, dirigiu-se a Mario, sentou-se na
cadeira antes ocupada por Rossana e disse:

— *Galleria...*

— *Degli Uffizi... Galleria Degli Uffizi, en Firenze, cara senhorita!*

Acalantos

Os gatos

(para Mirella)

> *Não há nada no mundo que não*
> *tenha um momento decisivo.*
>
> *(Cardeal de Retz)*

"Felix, não sei mais o que posso fazer para me mexer. Esses dois nos colocaram nessas gaiolas já faz um bom tempo e nem sequer falam alguma coisa para nós. Ficam todo o tempo a conversar, a namorar, e nós dois presos nestas caixas apertadas. E ficam sempre a dizer um ao outro: 'Eu Te Amo. Eu te Amo...'".

"É, Docinho, acho que o melhor será tentar escapar e começar a procurar por outros donos que possam nos dar comidinha a toda hora, limpar a nossa areia e, de vez em quando, dar um aconchego. Afinal, um carinho é tão bom, nos dá sono, além de ser relaxante. Qual gato não gosta de carinho... E também sinto falta da nossa casa, Docinho, onde podíamos pular à vontade, ir até a janela, ver e conversar com aqueles pássaros que por lá apareciam sempre no mesmo horário, sentir o cheiro da comida do vizinho, e tantas outras coisas...".

"Felix, Felix... Olha, eu acho que as coisas agora se complicaram para nós. Eles estão entrando num avião, parecido com aquele que víamos da janelinha da nossa casa. Acho que vão nos levar para bem longe...".

Mirelle, enfermeira sempre preocupada com o próximo, intuitiva, e Adrian, engenheiro aeronáutico, completamente absorvido pelo trabalho, preparam-se com muita dedicação para a cerimônia do casamento. Uma grande mudança de vida esperava pelo jovem casal, acostumados a um cotidiano repetitivo, sem grandes expectativas.

Mirelle, que também era apaixonada por uma boa leitura, admirava os grandes escritores e preocupava-se com o fundamento moral da sociedade, que, para ela. tornara-se frágil. Conversava frequentemente com Adrian sobre suas inquietações e pensamentos e enfatizava sobre *"valores morais, como sinceridade ou honestidade, que perdem cada vez mais seus significados. Em lugar da instância moral, em vias de desaparecimento, surge uma sociedade de desconfiança, da suspeita, e há, por esse motivo, cada vez mais a necessidade de transparência".*

Felix lembrava a Docinho agora, quando pairavam tantas dúvidas sobre o futuro, o que, certa vez, Mirelle havia dito (Mirelle gostava muito de conversar com os gatos, de colocar a eles suas ideias, seus pensamentos, e eles lhe respondiam com o olhar atento, com aconchego): *"Felix,"*, disse Mirelle, *"a intensa exigência por transparência é um indicativo de que os fundamentos morais da sociedade se tornaram frágeis. O pensamento, a inspiração e a imaginação dependem de um vazio. As mesmas tarefas, os excessos, a hiperinformação, só nos afastam da essência da vida. José Saramago (1922-2010) disse, com sabedoria, que o excesso de luz pode levar à cegueira. A hipercomunicação e hiperinformação não trazem luz à escuridão (Saramago, 1995). Esses exageros levam a uma sociedade com excesso de transparência. Uma sociedade com excesso de transparência é uma sociedade invisível, sem mistérios, sem privacidade e sem espaço para a intuição. Talvez distantes dessa rotina, caro Felix, veremos as coisas em outra dimensão, assim com um fotógrafo que a distanciar-se do alvo fotográfico consegue visualizá-lo melhor e, em uma diferente perspectiva, examinar o contexto do seu foco".*

Uma mudança era oportuna (ou mudanças): a decisão de casarem-se após anos de convivência já era um passo adiante, e a mudança de país representava, talvez, um passo ainda maior. Apesar de estarem com suas vidas estruturadas, pensavam que há momentos em que as decisões derivam muito mais da arte da intuição do que do trabalho da razão analítica (científica).

"A confiança na intuição se sobrepõe aos argumentos racionais. Muitas informações, em quantidade cada vez maior, não necessariamente levam à tomada de decisões mais acertadas. A intuição precisa ser sempre determinante. Ela transcende as informações disponíveis, seja em seus caminhos ou em sua lógica. Hoje, essa onda crescente e massificante de informações tende cada vez mais a diminuir a nossa capacidade de juízo", disse Mirelle a Adrian.

Casaram-se numa manhã de sábado, não sem antes prepararem-se nas semanas que antecederam a cerimônia, como as idas de Mirelle ao cabeleireiro e às lojas. A escolha de novas roupas era menos um desejo que a confirmação de que estavam mesmo prontos a seguirem pelos caminhos do novo, do desconhecido. Também não poderiam esquecer a preparação do álbum nos dias que antecederam o casamento, com a participação de ambos; vídeos e fotos belas, inesquecíveis.

O bistrot e outras histórias

Há, ainda, um vídeo chamativo para a cerimônia, distribuído previamente entre os convidados, em que Adrian aparece tocando violão (logo ele, que nunca tocou nenhum instrumento!) fazendo aquela pose típica de quem embala uma boa e apaixonada serenata, daquelas de tempos outros, em que o cortejar próximo à janela da moça apaixonada representava amor e carinho, e era preparada com cuidados e ensaios, pois nada podia dar errado.

Na cerimônia, amigos próximos presentes, Mirelle muito bela, sorridente como todas as noivas, e Adrian, que era um tanto circunspecto, transitava entre momentos de pura e contida felicidade e de euforia, típicas dos recatados e reflexivos. Logo após a cerimônia do casamento, despediram-se de todos, rumo a uma nova vida, num novo país; colocaram os gatos nas gaiolas e rumaram ao "inesperado".

"Felix, essa viagem está parecendo sem fim. Para onde estão nos levando? Eu não sei, mas é bem longe. Além do mais, é uma viagem bem chata. Sempre passam alguns passageiros bem próximos de nós e fazem, em outra língua, umas piadinhas sem graça. Já escutei gracejos, piadas e também reclamações dos nossos miados, em várias línguas. Eles acham que não entendemos o que dizem. Os gatos entendem qualquer linguagem. Uma pena os humanos não saberem disso...".

"Eu sei de tudo isso que você falou, Docinho. Não precisa fazer um discurso! Eu sei que você está cansado, mas eu também estou. Nós temos sentidos e uma sensibilidade *que eles, os humanos, não têm. Docinho, acho que agora, finalmente, estamos pousando em algum lugar...".*

Mirelle, Adrian e os gatos (engaiolados) chegaram ao novo país. Muitos atropelos e inusitadas chateações até conseguirem um novo lar. Um pouco das costumeiras e pequenas dificuldades com o idioma, com os novos hábitos e com o novo trabalho de Adrian, agora pesquisador de uma grande empresa. Mirelle começou logo a tratar dos papéis para regularizar sua situação funcional naquele que seria agora o seu novo país. E os gatos... Bem, é melhor deixar que eles se expressem.

"Felix, eles finalmente abriram essas gaiolas, mas nos deixaram aqui sozinhos. Parece um apartamento, com poucos móveis e sem muito aconchego. Diferente daquela casa em que estávamos acostumados. Será que eles nos abandonaram?".

"Não, Docinho, acho que eles foram apenas comprar alguma comida e material de limpeza para terminar de limpar e arrumar essa casa. Se eles desejassem mesmo nos abandonar, teriam já nos deixado. Não precisaríamos fazer uma viagem tão longa e cansativa".

"Olha, Felix, acabou de entrar alguém aqui e não é nenhum deles. Acho que é o nosso novo dono".

"Não, Docinho, ele está com uma ferramenta na mão. Acho que está consertando alguma coisa. Vamos nos esconder aqui embaixo da pia da cozinha. É melhor ficarmos observando...".

E sozinhos no apartamento, à espera dos donos, ou dos novos donos, e um tanto amedrontados com a inesperada visita, ficaram eles escondidos embaixo da pia, entre caixas e entulhos, e por lá permaneceram, não sem confabular e emitir, um ao outro, argumentos filosóficos sobre a situação, de um jeito particular muito próprio aos gatos, para quem o tempo, como era para Platão (427/428 a.C. - 348 a.C.), a imagem em movimento da eternidade (Scruton, 2007).

Os gatos não negam a realidade do tempo, mas acreditam num outro domínio, além do tempo (intemporal), que projeta suas sombras sobre a nossa realidade. É por esse motivo que o tempo para os gatos parece não passar, vivem como num mundo intemporal, que se reflete na infinita paciência felina. E foi assim que, pacientemente, Docinho e Felix esperaram por Adrian e Mirelle. E eles retornaram, em tempo de encontrar o homem com a ferramenta, que fazia alguns consertos.

Depois da partida do visitante – e somente bem depois –, Mirelle percebeu a ausência dos gatos, e só os encontrou depois de alguns miados do Felix. A primeira noite no novo país terminou com caloroso aconchego de Adrian e Mirelle nos dois felinos, que rolaram nos braços e abraços dos donos, a tempo de Felix dizer a Docinho, daquele jeito soberbo dos gatos:

"Docinho, não sei se esses dois já ouviram falar de Albert Schweitzer (1875-1965), aquele famoso músico, filósofo e médico alemão, apaixonado por gatos, e que certa vez disse: 'Existem duas maneiras de nos refugiarmos das misérias e intempéries da vida: música e gatos' (Schweitzer, 2009) . *Eles acabaram de colocar aquela música relaxante que ouvíamos sempre antes de dormir. Boa noite, Docinho".*

"Boa noite, Felix. Esse aconchego está mesmo muito bom! Agora sei que eles não nos abandonarão".

A pequena Luísa
(uma singela homenagem a Luísa)

Aquele para quem o tempo é como a eternidade, e a eternidade é como o tempo livre está de qualquer conflito.

(Jacob Bohme [1575-1624])

A educação não é como encher um vaso, mas, sobretudo , é como acender um fogo.

(Montaigne)

"Não corra tanto, mamãe. Está difícil me acomodar".

Acho que o final da tarde já se aproximava e a minha mãe retornava para casa. E pelo barulho do trânsito, pelas vozes ao longo do caminho, que se modificavam a todo o momento, ora em intensidade, ora em tonalidade, sirenes tocando, muitos sussurros, e pelos latidos distantes de cachorros, ela deslocava-se sem parar.

O seu trabalho nessa empresa internacional lhe consumia muitas horas do dia e a obrigava a constantes deslocamentos de um lugar a outro, exigindo muitos esforços. Eu já tinha deixado uma mensagem para que ela não exagerasse nos esforços, pois me preocupava. "O caminho até conhecê-la ainda era distante e eu poderia não chegar a tempo". Ela entendeu a minha mensagem e acho que já estava pensando em se acalmar. Já faz algum tempo que eu conseguia escutar sons e até sabia distingui-los.

Aprendi, por exemplo, a diferenciar o som das vozes humanas em uma discussão do som de uma conversação. É interessante como o som das conversas é suave, parece com o de uma melodia, mas os sons de uma discussão, como as que escuto de vez em quando, são rudes, fazem mal a quem os escuta e quase sempre ouço palavras em mais de uma língua. É difícil saber o porquê de tanta inquietude, mas o interessante é que quase sempre, após as discussões, há um período de vozes mais baixas, quase lamentos, um período ameno, e que aqueles que discutiam *estão a dizer um para o outro, "Eu Te Amo".*

Falam muito de Amor. Isso é algo muito importante e me deixam bem tranquila, no aconchego, sem sobressaltos. Sinto-me, nesse ponto, muito reconfortada por estar onde estou, e posso dizer à mamãe: "Eu também te amo", pois como eu gostei e me senti tão bem em escutar essa frase, acho que é algo bom e que ela vai se sentir muito bem também em escutar, assim como eu me senti. Mas... esqueci! Ela ainda não pode me escutar. O jeito é dar alguns chutes de felicidade. Ela vai sentir, entender, e acho que ela ficará muito, muito feliz...

Ora, ora, acabei de dar os chutes e ela me acariciou, passando a mão na barriguinha dela. Senti o calor da sua mão e ela me disse que me amava. Acho que a estratégia dos chutes deu certo. E não apenas ela me acariciou, mas também outra pessoa, de voz mais forte, aquele mesmo a quem ela disse que amava depois da discussão, disse-me o mesmo, que me amava muito também. E do modo como ela lhe falava, bem, acho que esse aí deve ser o meu pai. A mamãe falou a ele: "A sua pequena acabou de dizer: "Eu te amo, mamãe".

Bem, depois de mais um dia de tanta agitação, de tantos sons, eu posso dizer que prefiro os sons do silêncio, como agora. Uma pena ela não me escutar, mas acho que percebe, pois existe uma comunicação silenciosa entre duas vidas que é mais marcante do que qualquer palavra, ou qualquer "chute". Mas, percebo agora, embora haja muita calma no ambiente, que ela ainda não está dormindo. Escuto a sua voz, suave, pausada e em tom mais baixo, e a de outra pessoa distante, e acho que ela está falando com a mãe dela, minha avó.

Os sons são diferentes daqueles que escuto quando ela fala com o meu pai. A harmonia e o tom são diferentes, parecem mais delicados, quase como uma música. Parecem com uma língua dos anjos. Gosto de escutar a minha mãe falar com ela. No diálogo, elas falam de outras pessoas: de uma irmã da minha mãe que mora em outro país, distante, e do pai dela, meu avô. Minha avó diz que ele continua amando muito ler e escrever, que agora está aposentado e dedica-se às leituras e aos textos que escreve, e que vai querer me conhecer. Será que isso é verdade? Eu também gostaria de conhecê-lo, pois nos livros estão todo o passado e o futuro, e alguém como ele tem muito que me ensinar.

A propósito, ele, o meu avô, começou a falar com a minha mãe. Ele lhe fala sobre livros, sobre educação. Seria bom escutá-lo ("... já que você guiará a pequena Luísa por esse mundo assim que a encontrar, seria tão bom se a ensinasse como se portar pela vida, seguindo o que, segundo alguns, deveria ser o objetivo de toda educação: deleitarmo-nos e sofrermos com as coisas que nos devem causar deleite ou sofrimento. Desse modo, ao chegar à idade adulta, ou idade do pensamento reflexivo, a pequena Luísa estará bem preparada para sentir os sentimentos justos e verdadeiros, a sensibilizar-se pelo sofrimento e pelos que sofrem, mas também saberá como sentir prazer pela vida, e terá facilidade em descobrir os primeiros princípios e valores de como viver bem nesse mundo...").

É interessante como esse meu avô *sabe tantas coisas... Ah, ele parou de falar... Entendi algumas das coisas que ele disse, mas outras não consegui compreender... Bem... Agora está tudo novamente bem tranquilo, não há sons! E ainda que silenciosamente tenho muito aprendido, e em línguas diferentes, sei que, ao encontrar a minha mãe, tudo isso se perderá ou cairá no esquecimento. A partir daí, somente ela – com a ajuda do meu papai – poderá me ensinar e conduzir pelos caminhos da vida.*

"Boa noite mamãe, agora que não a escuto mais, e nem ao meu papai, bem acho que vocês estão dormindo. Mas mamãe... Estou me sentindo quase sem espaço por aqui... O que faço? Está muito difícil conseguir me mexer... Mamãe... Mamãe...".

Luísa nasceu em 7 de fevereiro de 2018, no país de Montaigne (1533-1592), de Proust (1871-1922), de René Descartes (1596-1650), do Iluminismo, e de tantas revoluções culturais, de costumes e da moda. Mas a sua mamãe não se esqueceu, no primeiro encontro que tiveram, de comunicar-se com ela naquela linguagem suave, na língua dos anjos, a língua dos seus avós, e recitou um breve verso de um poeta antigo, muito conhecido no seu agora distante país (Vinícius de Moraes [1913-1980]): Minha pequena, a vida é a arte do encontro, embora haja tantos desencontros pela vida (de Moraes, 2017). Luísa esboçou o seu primeiro sorriso, pois sabia que, finalmente, elas tinham se encontrado!

Presente de Natal

Mudaria o Natal ou mudei eu?
(soneto do Natal – Machado de Assis)

A *senhora Marina Skeff*

À porta do Centro de Saúde, ao final da tarde, quatro cachorros vira-latas estavam à espera de alguém por lá internado. Os funcionários, os enfermeiros e os médicos já os conheciam e sabiam os seus nomes: Mara, Lina, Princesa e Arthur. Eles eram todos de médio porte e bem carismáticos.

A senhora Marina Skeff, internada com uma crise hipertensiva, mas que logo receberia alta – embora não de todo recuperada, pois o seu problema parecia ser bem mais complexo do que uma crise de hipertensão, e outros exames seriam necessários –, era a tutora de todos eles, resgatados das ruas em diversas situações de risco. Ela tinha o cuidado de deixar o nome de cada um e o endereço de contato gravados numa plaquinha presa ao pescoço por uma correntinha.

Há quatro dias, sempre ao final da tarde, eles permaneciam impassíveis, olhando para a porta de entrada, e somente já tarde da noite deixavam o local, cabisbaixos, e se dirigiam para um abrigo próximo ao metrô, onde moravam com a senhora tutora, alguns poucos moradores e outros animais, dentre gatos e cachorros. O abrigo foi, tempos antes, residência de um casal de milionários que amava animais, e foi deixada como herança para uma instituição filantrópica para servir de moradia a animais abandonados. *"O cachorro nunca perde a esperança de rever o seu dono"*, diz um velho ditado popular. E esses quatro vira-latas lá estavam, no dia seguinte, à porta do hospital, no mesmo horário, para novamente aguardar a saída da senhora Skeff.

A senhora Marina não tinha filhos e até onde se deixava conhecer, outrora foi esposa de um grande empresário do mercado imobiliário, já falecido, que entrou em decadência após uma malsucedida e truculenta sociedade com um ex-funcionário. Ele não deixou nenhum patrimônio para ela, sejam bens móveis ou imóveis, aplicações financeiras ou seguros de vida. Atualmente, ela passava seus dias nas ruas do bairro, sempre acompanhada dos seus preciosos vira-latas, a viver de doações e da bondade de donos de restaurantes, de gerentes das lojas de roupas e utensílios, e da generosidade dos frequentadores do bairro, que sempre lhe ofereciam o necessário para o seu sustento e para o de seus animais.

Era uma senhora ainda altiva e muito bonita, simpática, e apesar das humilhações que tinha que passar no seu dia a dia, ainda tinha no semblante a ternura no sorriso e o frescor no olhar, típicos daqueles bem poucos que nunca estão a se lamentar das faltas e injustiças, e a não levar os seus dias numa completa autoindulgência.

Todos a conheciam e a respeitavam. E embora não estivesse ainda de todo recuperada, conseguira convencer os médicos a liberá-la, pois, como argumentara, chegara a véspera do Natal e havia aquela expectativa de solidariedade e intimidade no amor, tão presente por esses tempos natalinos. E havia, principalmente, aquela promessa anualmente cumprida pelo senhor Ernesto, dono do famoso açougue "E-Bone", de oferecer ossinhos – pelo menos dois, a cada um dos animais da senhora Marina – como um presente do Papai Noel. E ela tinha que por lá passar para apanhá-los.

E, finalmente, após um período de cinco dias internada, ela deixou o hospital, acompanhada dos quatro vira-latas, felizes pelo retorno da tutora, não sem as latidas, as mordidinhas de felicidade e o olhar pleno de cumplicidade, que apenas os cachorros têm quando na presença do dono. Arthur logo deu giros em torno de si próprio, Mara balançou o rabo incessantemente, Princesa latiu e Lina lambeu as pernas da tutora, demonstrações da mais ingênua e tenra felicidade.

Encontro inesperado

Na vida de Joshua não havia muito espaço – e tempo – para o exercício meio que inconsciente do bom e desinteressado desejo de oferecer; nem tampouco havia nele suficientes discernimento e desapego para alcançar o inesperado, nem tampouco em ser paciente frente a situações entediantes. Para Joshua, o receber era encarado com reservas, pois, para ele, nenhuma ação é descompromissada, nem existem gestos que a nada almejam. Refletia ele que, nas relações humanas, há sempre um interesse implícito acobertado por deliberado fingimento.

O bistrot e outras histórias

E isso vale para os atos de dar e receber em suas mais diversas formas, seja o de receber ou dar um abraço, ou o de receber e dar um elogio. Joshua era um eterno desconfiado, um homem para quem aquele provérbio muito antigo, e repetido em passagens bíblicas – *"Rico não é aquele que tem, mas aquele que dá"* –, que remonta aos tempos dos antigos beduínos que vagavam pelo deserto à procura de um oásis, ou algum lugar para pausa ou repouso após longas jornadas, não tinha algum significado.

À véspera do Natal, Joshua Goldberg concluiu mais um dia de compromissos profissionais. Fechou a porta da sala do estúdio fotográfico, não sem antes conferir se tudo estava em ordem – computadores desligados, luzes apagadas, lixo compactado em local apropriado... – e partiu, já tarde da noite, rumo a sua residência. E por pouco não observou um envelope verde, deixado à porta, a ele endereçado e escrito à caneta. Ele o apanhou rapidamente, mas sequer teve a curiosidade de abri-lo e de ler o conteúdo – *"Algum comunicado sem importância da administração do condomínio, como tantos outros"*, disse a si mesmo Joshua, e o segurou na mão, junto à bolsa que carregava, como se tivesse a intenção de depositá-lo na lixeira mais próxima.

Ele trabalhava em um belo edifício no famoso Centro Empresarial da cidade. Fotógrafo e sócio de uma produtora, atividades que o ocupavam o dia todo e, às vezes, até aos finais de semana, o arredio Joshua passou pela portaria do edifício sem ao menos cumprimentar e desejar os tradicionais votos de felicidades, quer ao porteiro do prédio, quer aos transeuntes que encontrou pelo caminho até alcançar o portal de acesso e de saída do edifício.

E tampouco olhou para sua direita para saudar, nem que fosse apenas por aquela noite, a dócil Isa, recepcionista que, segundo alguns, alimentava sonhos de, um dia, quem sabe, receber alguma atenção, um cumprimento, um olhar, um olá, ou um pequeno e desinteressado elogio do desconfiado Joshua; e ele não se apercebeu que a bela Isa esboçou, embora contida, um instigante sorriso, ela, que em muito tinha excedido o seu habitual horário de trabalho, ou talvez tenha se deixado atrasar na expectativa de que Joshua, ao menos, olhasse para ela.

E, assim, o cético Joshua Goldberg deixou o trabalho à véspera daquele Natal – *"mais um Natal!"*, pensou ele. Ele passou, antes de apanhar o metrô, por uma loja de conveniências, comprou comida e utensílios de cozinha, necessários para os feriados de Natal, pois todo o comércio estaria fechado por três dias. Deixou a loja de conveniências um tanto sobrecarregado, e muito apressado, pois em poucos minutos passaria na estação um dos últimos trens da noite, e logo o metrô deixaria de funcionar.

Joshua morava um tanto distante do local de trabalho. Antes de descer as escadarias da estação, quase esbarrou na senhora Marina Skeff. Chegou até a assustar os cachorros dela, que sempre a acompanham, por onde quer que vá, sobretudo o Arthur, o mais sensível e irritadiço do grupo. Joshua, apesar de vê-la quase todos os dias, nunca a cumprimentara, e dessa vez, apesar do quase esbarrão, sequer olhou para o rosto da senhora Marina. Mas ela, quando ele começou a distanciar-se, chamou-o por algum motivo, por alguma circunstância quiçá fortuita. Porém, ou ele não a escutou ou, se escutou, talvez tenha conjecturado que ela talvez fosse pedir-lhe algo e continuou a percorrer o seu caminho, sem olhar para trás, com sua contumaz indiferença.

Logo Joshua chegou à bilheteria da estação e, para sua surpresa, sentiu falta da bolsa que sempre carregava, quando não pendurada ao ombro, segurando-a aos braços. Pensou que, na correria, tinha-a deixado na loja de conveniências, mas lembrou-se que isso não era plausível, pois não tinha aberto a bolsa lá; as compras que fazia, pagava-as sempre ao início do mês.

Perder a bolsa representava um problema para Joshua, pois estavam nela os cartões de crédito, dinheiro, documentos pessoais e seu telefone celular, um iPhone. E como tudo estaria fechado pelos próximos dias... o circunspecto Joshua estaria em dificuldades. Lembrou-se ele que, como antes já havia acontecido, poderia ter esquecido no estúdio, então, saiu às pressas, de volta ao local de trabalho, procurando-a antes na própria estação.

Já próximo ao centro empresarial, mais uma vez os caminhos da senhora Marina e de Joshua se cruzaram. Eles apenas entreolharam-se, ela com ternura e ele, com o habitual desdém e frágil autoafirmação. Logo, Joshua chegou ao edifício e adentrou ao pórtico de acesso. Passou pela senhorita Isa, que se preparava para ir embora, sem cumprimentá-la, mas ela o chamou:

— *Senhor! Senhor! Uma senhora que mora num abrigo das redondezas pediu-me para entregar essa bolsa ao senhor. Talvez, o senhor até tenha cruzado com ela há pouco, pois acabou de deixar o nosso edifício. Ela me disse que viu quando a bolsa caiu dos seus braços, que estavam sobrecarregados. Ela o chamou, mas o senhor não a escutou. Pediu muitas desculpas, pois teve que abrir um envelope que estava junto à bolsa, esse envelope verde, que aí está, pois precisava saber algo sobre o dono da bolsa, como um endereço, local de trabalho, mas salientou que* não abriu a bolsa, *pois isso seria um gesto de invasão de privacidade. E conseguiu localizar-nos pelo logotipo da empresa estampado na folha que estava dentro do envelope ao senhor endereçado, e na qual está escrita uma mensagem. Pediu-me para tentar encontrar o seu endereço residencial através de banco de dados internos aqui da empresa e entregar-lhe a bolsa e o envelope. Eu disse que faria isso após o Natal, pois o banco de dados, a esta hora, está inoperante, ao que ela me disse: "Alguém, na mensagem, cara senhorita, está combinando um encontro nesta Noite de Natal com esse senhor, e acho que ele ainda não sabe, pois o envelope estava fechado. Parece-me um caso de amor... Temos que fazer esse envelope chegar até ele. Não nos esqueçamos de que hoje é noite de Natal", disse-me ela mais de uma vez. Aqui está a sua bolsa, senhor Joshua, com todos os seus pertences, e o envelope citado pela senhora, com a mensagem assinada por alguém que parece estar apaixonada"* — disse por fim Isa, com olhar tão terno, que parece ter tocado a Joshua, e um tanto encabulada, como se despedindo, pois o seu horário de deixar o trabalho já tinha se excedido, e os vigias da noite já tinham chegado.

— *Como sabe o meu nome, senhorita...* — perguntou Joshua, sem completar a frase.

— *Me chamo Isa. Isa Colemann. Talvez, se tivesse, pelo menos por uma única vez na vida, ao passar pela portaria, olhado em direção ao balcão da recepção, teria visto o meu nome. Quanto ao seu nome, bem, sou recepcionista há um bom tempo, receio que sequer tenha se apercebido disso...* — disse Isa, quase sorrindo, e continuou:

— *E como recepcionista... Bem, saber os nomes daqueles que por aqui passam todos os dias, e por tanto tempo, é algo natural, senhor Goldberg".* — E mais uma vez, com olhar fixo e afável, apontou para o seu nome escrito numa pequena placa sobre a sua mesa, manifestando surpresa e feliz com a curiosidade de Joshua, ainda que meio extemporânea. E pensou em voz alta: *"São os ares do Natal. Ele sabe falar...".*

— *Não entendi muito bem o que disse a senhorita... Algo como ares de Natal?*

— *O que eu disse, ou melhor, o que eu pensei em voz alta, é que... É melhor esquecermos... Bem, acho que está esfriando cada vez mais, senhor Joshua, e talvez percamos o metrô. Tanto o senhor como eu dependemos do metrô, e o último trem passa daqui a dez minutos. Acho que temos que correr... O senhor se importa se eu o acompanhar? Ficou um pouco tarde...* — falou Isa.

— *Não me importo. Claro que não me importo. Será um prazer, senhorita Isa. Afinal, tantas coisas diferentes têm acontecido nesta noite... E acompanhá-la será algo diferente a mais, e lhe digo que, com certeza, será um imenso prazer! Eu preciso descontrair, escutá-la falar pode ser reconfortante"* — respondeu Joshua, surpreendentemente sem inibição, descontraído e firme com as palavras e gestos, próprios dos que se sentem felizes.

E ambos seguiram rumo à estação, mas sem pressa, como convém a uma noite de Natal. Já próximos à estação de metrô, passaram ao lado do abrigo onde vivia a senhora Marina, que alimentava os cachorros. Ela os viu e acenou a ambos com um sorriso contido, mas de felicidade, compartilhado por Isa. Esse seria, talvez, o último Natal da senhora Skeff. E Joshua continuava com o envelope na mão, sem ler o conteúdo, tão entretido que estava com a agradável companhia da senhorita Isa Colemann.

Dessa vez, o envelope foi depositado numa lixeira próxima ao Centro Empresarial. Quando Joshua se livrou do envelope, a senhorita Isa esboçou um longo e comedido sorriso, não percebido por Joshua. A mensagem no envelope tinha a assinatura de Isa Colemann.

Pato novo não mergulha fundo?

(para Manuella, a quem não existe o nunca)

> *Deve-se deixar o inconsciente se manifestar em toda sua sabedoria , e o consciente se ajustar e não produzir um incessante e perturbável domínio do ente humano.*
>
> (Carl Jung)

Um dia na vida de Manuella Forton, e três curtas e inesquecíveis histórias

I. Primeira história

Manuella Forton, ainda uma adolescente, agora prestes a completar 18 anos, sabia o quão importante é traçar objetivos e, como poucos na sua idade, aprendeu a se concentrar e usar com determinação as suas energias. E sem seguir apenas a razão, mas, sem perceber, também a intuição, a percepção e até o pressentimento, Manuella deixava que o seu inconsciente se manifestasse e lhe mostrasse os caminhos a seguir.

Seus amigos a achavam um tanto diferente para a idade, mas Manuella era apenas uma linda menina, astuta, resoluta no que buscava, ávida sempre por questionar e ir atrás de respostas onde, talvez, poucos da sua idade acreditassem que pudessem ser encontradas. E naquele momento, ela andava desesperadamente atrás de uma peça para a sua bicicleta. Ela queria e precisava muito dessa peça, pois naquele mesmo dia, logo após o almoço, começaria a trabalhar em seu primeiro emprego.

No país em que ela vivia, a bicicleta era o meio de transporte usual. Os automóveis eram pouco usados no cotidiano, e mesmo o transporte público, embora de boa qualidade, não era muito procurado e tampouco era frequente. A sua bicicleta, sem essa peça, ainda que estivesse em condições de se deixar pedalar, talvez a nenhum lugar mais distante poderia levar Manuella, sobretudo, àqueles lugares que exigiriam mais esforço, como subidas mais íngremes; e, certamente, até chegar ao trabalho, alguns percalços ao longo do caminho seriam encontrados. E Manuella sabia que poderia perder o primeiro dia de trabalho sem o auxílio da sua bicicleta.

No *"país das bicicletas"*, não ter uma bicicleta pronta para ser usada em todas as circunstâncias, inclusive em imprevistos, era algo incomum, e isso incomodava muito alguém como Manuella, inquieta e sempre preparada para o não ocasional. Mas ela tinha procurado e, embora tenha ido a vários lugares, ela não havia encontrado a tal peça.

Após uma longa e exaurida busca, ela decide, sem que soubesse bem o porquê, espairecer, caminhar pelo parque central da cidade e, então, refletir sobre o que fazer, pois precisava encontrar uma solução e ter certeza de conseguir chegar ao trabalho. Olhando um tanto furtivamente ao redor, ela avistou, ao longe, uma moça que tomava um café numa aconchegante cafeteria, bem em frente a uma livraria famosa situada dentro do parque.

Observou Manuella, intrigada, que em cima da mesa ocupada pela moça, estava a peça que ela tanto procurava. Ela abordou a moça, apresentando-se, e contou que estava atrás daquela peça, e perguntou onde a moça a havia encontrado, para poder comprá-la, já que *"a peça é essencial, pois dela depende a minha bicicleta para levar-me com segurança ao trabalho".*

A moça, chamada Gabriella, ou Gabi, como os amigos a chamavam, disse que a tinha comprado no dia anterior, numa loja em uma rua paralela ao parque, não muito longe de onde estavam, pois achava que precisava trocar a antiga peça. Ela salientou, ainda, que também amava bicicletas e que a sua última tinha lhe sido muito útil, permitindo-a conhecer muitos lugares e pessoas.

— *Mas, agora, cara Manuella... Bem, acho que essa peça é para você"* — disse Gabi.

— *Mas é sua* — falou Manuella.

— *Era!* — respondeu Gabi. — *Eu vendi a bicicleta ontem e não preciso mais da peça, pois o comprador disse-me que não é preciso trocar a peça antiga, e me devolveu a nova poucos minutos antes de você chegar aqui. Ele me disse,*

O bistrot e outras histórias

cara Manuella, que essa nova peça poderia ser útil a alguém e, agora, penso que tudo faz sentido... Acho que, por um desses atalhos que a vida nos oferece, eu estou aqui, neste exato momento, para entregar a peça para você — completou Gabi, entregando a peça a Manuella. Então, abraçou-a e seguiu o seu caminho.

II. Segunda história

Pedalar, pedalar e pedalar a sua bicicleta era tudo o que mais a Manuella desejava e ela, finalmente, conseguira. Após o almoço, trocou rapidamente a peça e logo já estava a deslocar-se rumo ao seu primeiro dia de trabalho. Brigith, a mãe da Manuella, pediu a ela que não fosse de bicicleta, pois chuvas com ventos muito fortes estavam previstas para essa tarde em toda a região. Manuella, sempre muito intuitiva, disse a sua mãe para não se preocupar, mas não deixaria de ir sem a sua bicicleta. *"Mamãe, eu preciso ir de bicicleta!"*.

E assim se foi... Cabelos desalinhados por uma suave brisa de início de tarde naquele belo *"país das bicicletas"*, um sorriso de criança e nos olhos muitos sonhos e entusiasmo. A bicicleta obedecia rapidamente aos comandos, parecendo mesmo existir uma sintonia e sinergia perfeitas entre ela e Manuella. Não havia mais como separar a "Manu" da sua *bike*.

A alegria era tamanha, não se sabe se pelo trabalho ou se pelo pedalar, mas um rastro de felicidade era deixado pelo caminho, espalhando por onde quer que ela passasse. Manuella, quando em estado de contentamento, deixava-se levar pelo tempo, aquele, que sempre passa e que nunca cessa, esquecendo-se que, talvez, não como o tempo, ela precisava parar. E por não parar, sem perceber, seguiu por caminhos que a distanciaram do trabalho.

De repente, numa subida, a uma velocidade bem menor, ela conseguiu discernir tudo ao seu redor e, para sua surpresa, percebeu que bem à sua direita, numa mureta já gasta pelo tempo, havia, um tanto apagados, desenhos a giz de marcas de lábios com batom, corações e muitos dizeres de amor. E como sempre fazem as boas recordações, uma lembrança conseguiu, finalmente, parar o tempo, e fez com que Manuella parasse a bicicleta.

Ela recordou de um dia, não muito distante, em que ela e seu pai, que hoje morava num outro país, percorriam uma trilha muito parecida com essa em que ela agora se encontrava. Num dado ponto, eles se perderam e resolveram parar à beira do caminho para um descanso, e observaram, numa mureta próxima à pequenina estrada, que havia alguns escritos a giz, bem recentes, com vários corações desenhados e mensagens de amor... Manuella se lembrou, então, do que o seu pai lhe disse: *"Aqui está registrado, Manuella, que duas pessoas eram felizes. A felicidade transcende, gera energia, alimenta esperanças, e depende de duas pessoas... Bem, logo logo acharemos o caminho de volta".* E poucos minutos após aquela parada de descanso, Manuella e seu pai perceberam um carro se aproximando e, então, parando.

O motorista, de nome Nathan, deu-lhes carona, levando-os a um local conhecido, onde puderam, assim, pedalar de volta para casa. Nathan tornou-se um amigo da família. Manuella, após tantos anos se passarem, estava novamente parada em frente a uma mureta com dizeres de amor, e só então percebeu o quanto tinha se afastado do caminho para o trabalho, pois ela tinha que ter atravessado uma bela ponte (ainda herança dos romanos), que ficara bem para trás, há pelo menos uns vinte minutos de onde ela estava.

Ela pensou novamente no pai, em quando Nathan apareceu para levá-los ao caminho de volta para casa. Ela estava em apuros, pois se encontrava bem longe do trabalho e não conseguiria, mesmo se reencontrasse o caminho, chegar a tempo. E uma forte chuva se aproximava. Um tanto desanimada, sentou-se à beira da estrada. Logo passou uma caminhonete, que parou perto dela, e Manuella escutou uma voz feminina, dizendo:

— *Oi, o que você faz parada aí, à beira do caminho. Precisa de ajuda? Logo começará a chover!*

A moça se identificou como Patrícia e, como Nathan, anos atrás, apareceu do nada, sem aviso, sem um motivo.

— *Olá, Patrícia. Que boa surpresa! Me perdi pelo caminho e tenho que chegar o mais rápido possível a "Lan Road", para o meu primeiro dia de trabalho. Eu tinha que ter apanhado o caminho da ponte romana, mas me distraí e estou aqui, parada, sem saber o que fazer* — respondeu Manuella.

Patrícia, surpresa, com voz um tanto embargada, mas não sem antes fazer uma pausa, como a tomar fôlego, disse:

— *Manuella, você falou na ponte romana, aquela que dista uns vinte minutos de bike de onde estamos? Pois bem, Manuella, a vida tem suas "armadilhas", principalmente quando estamos em estado alterados, como por picos de felicidade, de pura alegria. Parece-me que você assim está. Nesse caso, há muitas sutilezas presentes em cada decisão que tomamos. Uma intuição não identificada pode, de repente, orientar-nos pelo melhor caminho. Digo isso, Manuella, pois a ponte romana, depois de quase dois mil anos e há exatos vinte minutos, sofreu um desabamento, talvez pela rajada forte do vento que anuncia a chuva, que chegará a qualquer momento. Eu estava quase a atravessando. Parece que não há feridos, pois no exato momento do acidente ninguém passava por ela... Você, cara Manuella, perdeu-se apenas por algum lance do destino, cuja profundidade e interpretação nunca se saberá em toda sua plenitude. Você não tinha que passar pela ponte há vinte minutos. Algum pressentimento a levou para bem longe, sem que você percebesse... Agora, deixe-me levá-la até "Lan Road", ao seu trabalho.*

Patrícia, então, colocou a *bike* no porta-malas do veículo e saiu às pressas para que a Manuella não perdesse o seu primeiro dia de emprego. Ela deixou Manuella numa rua próxima a *"Lan Road"*. Manuella agradeceu, despediu-se – é bem verdade que *"Manu"* estava um tanto incomodada com a companhia da Patrícia; ela não gostava de tantas explicações sobre algo que lhe era habitual, como o prazer de conviver com o inusitado.

E mais uma vez Manuella jogou-se à brisa, e com os cabelos esvoaçando e a felicidade estampada no rosto, rapidamente pedalou a sua *bike* em direção ao trabalho e, após tantos contratempos, finalmente alcançou *"Lan Road"*. Percebeu, então, que logo choveria, pois a suave brisa dava lugar a um vento forte e nuvens um tanto espessas circulavam no que há pouco era um céu todo azul. E "Manu", como os amigos a chamavam, aquela para quem o inesperado é sempre esperado, chegou ao trabalho, para o primeiro emprego, cansada e feliz!

III. Terceira história

A *bike* e a "Manu" se separaram. Não em definitivo, mas nas tardes em que Manuella estava no trabalho, a *bike* ficava à porta, esperando-a finalizar as suas atividades, o que era algo muito novo para ambas, pois "Manu" e a *bike* nunca se distanciavam, estavam sempre juntas a percorrer caminhos, a correr para acompanhar o tempo, a parar para apreciar as belas paisagens e as idas e vindas deste mundo e das pessoas. Mas havia algo que "Manu" e a *bike* ainda não tinham experimentado: a *bike* também poderia servir a outros propósitos, não menos importantes, que apareceriam pela nova rotina de vida.

"Manu" atrasou-se no trabalho, menos pelo seu desejo do que pela rotina, que nos impõe qualquer atividade laborativa. E num primeiro dia de trabalho há sempre as vicissitudes naturais de quem está disposta a conhecer, a desfrutar do novo. As novidades são, por vezes, como as brasas sob as cinzas que, a qualquer momento, reaquecem o ambiente e a vida. Para Manuella, isso não representava uma motivação para caminhar a lugares e situações novas. A vida era sempre uma novidade, onde quer que estivesse. Mas o fato de conhecer novas pessoas representava algo de desafiador: o ser humano difere sempre um do outro e oferece provocações.

"Manu" sempre gostou dos desafios impostos pelas diferenças que a condição humana nos impõe no *"dia a dia".* Era mesmo uma menina diferente das outras da sua idade. E ao final do primeiro dia de trabalho, ao descer as escadas e chegar à porta de saída, surpreendeu-se ao não ver a sua *bike.* No país das bicicletas era impossível que alguém tivesse pegado a sua bicicleta.

Novamente, após uma curta trégua, começara novamente a chover, e ao que parecia, era uma chuvas forte e duradoura. Sem a *bike,* como faria "Manu"? Bem, restou a Manuella, uma vez mais, sentar-se à beira do caminho e esperar pela sua bicicleta... E a bicicleta apareceu...

— *Moça, moça...* — disse uma voz masculina, com um sotaque bem característico de pessoas de uma região remota, ao sul daquele belo país.

— *Desculpe-me, mas tenho que deixar esta bicicleta aqui, neste lugar, que foi onde eu a apanhei...* — falou o rapaz, num sotaque que era muito difícil de entender, ao que Manuella interrompeu, dizendo:

— *Meu nome é Manu, a bicicleta é minha, e eu não consigo entender nada do que você me diz.*

O diálogo era quase impossível, pois o sotaque e as construções gramaticais do rapaz eram bem diferentes de tudo o que Manu conhecia. Ela, mais uma vez, lembrou-se do pai, que certa vez tinha se deslocado a trabalho para outro país que, a princípio, tinha uma língua comum como aquela falada no país das bicicletas. Porém, a dificuldade de comunicação foi tamanha que ele, ao chegar de viagem, teria dito a Manuella: *"São dois países separados pela mesma língua".*

Agora, Manuella tinha a impressão de estar diante de alguém que lhe era separado pela mesma língua. Mas como sempre acontecia com Manuella, logo chegou outro rapaz, que vestia um uniforme que ela identificou como sendo dos funcionários da farmácia ao lado do prédio em que ela trabalhava. Esse outro rapaz identificou-se como Paul Tresor e era o gerente da farmácia. Disse Tresor:

— *Muito prazer, Manuella. E muito obrigado pela bicicleta. Em meio a toda aquela chuva torrencial que caiu esta tarde, tivemos que fazer uma entrega emergencial de um medicamento raro, e as nossas duas bicicletas, infelizmente,*

O bistrot e outras histórias

não são adaptadas para esse quase dilúvio. E observei que a sua bike *tinha acoplada uma peça (ainda nova), que permitiria que fizéssemos o trajeto até a casa do cliente. Não conseguimos nenhuma outra* bike*, após* vários minutos de tentativas, que estivesse em condições tão especiais quanto a sua. Não tivemos alternativa a não ser *pegar a sua* bike. *Tenha certeza de que a situação era extrema, bem emergencial, e não tivemos outra escolha. Muito obrigado e desculpe-me pelo Norton. Ele é recém-chegado aqui na região e, reconheço, parece falar outra língua...*

"Manu", finalmente, pegou sua *bike* e seguiu o seu caminho a pedalar, acompanhada do vento e, da chuva, que tornara a cair, e do tempo, que teimava em se afastar sempre mais rápido que ela. Ela pedalava célere, como se a perseguir o amanhã, com os cabelos agora molhados pela chuva e quase solitária em seu trajeto. A chuva torrencial inibia a maioria a enfrentá-la, menos a Manu: destemida e aventureira, ela precisava alcançar o fluxo do tempo.

E ela seguiu pedalando, embora a chuva daquele final de tarde fosse intensa. Mas nada impedia Manuella de continuar e continuar, sentindo o vento no rosto, os cabelos cada vez mais molhados e o prazer de chegar, como naquele famoso poema *"Auguries of Innocence"*, de William Blake, *"a sentir a eternidade em uma hora de vida".*

Somente "Manu" seguiria sempre, independente, resoluta e cheia de prazer. E ela seguiu, acompanhando o tempo, agora bem de perto, e por estradas alternativas, pois a ponte romana não tinha mesmo resistido às intempéries e havia desabado. E ela foi levada, mais uma vez, ao caminho de onde, meio que perdida, ao início da tarde, tinha sido acolhida por Patrícia, que a levara ao trabalho. E, novamente, ao se aproximar dos mesmos desenhos e dizeres de amor, ela sentiu que o tempo não fluía, e como não podia ultrapassá-lo – "Manu" ainda não sabia como ir além do tempo –, ela, mais uma vez, parou a sua *bike*.

Dessa vez, com mais vagar e menos ansiosa, observou que aquele lugar era o mesmo que ela tinha estado com o seu pai anos antes, que os desenhos eram os mesmos, só que em menor número, mas os mais belos ainda continuavam lá, resistindo às mudanças e ao tempo. E ela, outra vez, ficou feliz por ter conseguido parar o tempo, por armazenar energias e por organizar sentimentos, agora fortalecidos pelas boas lembranças.

Finalmente, seguiu em definitivo para sua casa, pois a noite se aproximava, a chuvas era agora torrencial e a sua mãe devia estar preocupada. Platão (427/428 a.C. - 348 a.C.), ao estudar a questão do tempo e da eternidade, descrevia o tempo como uma imagem em movimento da eternidade. Ele não negou a realidade do tempo, mas creditou o tempo a outro domínio, em movimento constante, que projetava suas sombras sobre todos e tudo o que estivesse por baixo dele (Scruton, 2007). Mas a "Manu" – sempre a "Manu"! – em nada concordaria com Platão.

Sempre a pedalar a sua *bike*, "Manu" não deixava o tempo fugir assim, tão rápido. Ela tinha aprendido a controlar o movimento do tempo. De vez em quando, apesar da chuva, ambos – "Manu' e o tempo – e a *bike*, agora integrados todos um ao outro, paravam e descansavam para admirar uma bela paisagem ou serem absorvidos por alguma mágica lembrança. Mergulhar contemplativamente no belo, gera um estado em que, por assim dizer, o tempo se mantém quieto. O estado de quietude implica numa eternidade do presente. E, assim, retornou Manuella para casa após o seu primeiro dia de trabalho.

Referências

ARENDT, Hannah. *A condição humana.* São Paulo: Editora Forense Universitária, 2016.

BERKELEY, George. *Obras filosóficas.* São Paulo: Editora Unesp, 2010.

BORGES, Jorge Luis. *Ficções.* São Paulo: Companhia das Letras, 2007.

BORGES, Jorge Luis. *O livro dos sonhos.* São Paulo: Difel Editora, 1982.

CALVINO, Italo. *Eremita em Paris.* São Paulo: Companhia das Letras, 2006.

CAMPO, Marino Gonzales. *Saga del Hervor.* Madrid: Miraguano Ediciones, 2003.

CARTIER-BRESSON, Henri. *Ver é um todo – Entrevistas e conversas.* São Paulo: Editora G. Gill, 2015.

CHESTERTON, Gilbert Keith. *Santo Tomás de Aquino.* São Paulo: Editora Ecclesiae, 2015.

DEFOE, Daniel. *Robinson Crusoé.* São Paulo: Penguin Books, 2012.

DESCARTES, René. *Meditações.* São Paulo: Abril Cultural, 1979. (Coleção Os Pensadores).

DUNNE, Claire. *Carl Jung:* curador ferido de almas. São Paulo: Editora Alaúde, 2010.

FEYNMAN, Richard. *Lectures on gravitation.* London: Penguin Books, 1999.

GOLDSTEIN, Herbert; POOLE JR., Charles P.; SOFKO, John. *Classical mechanics.* London: Pearson Eds., 2001.

HEISENBERG, Werner. *A parte e o todo.* São Paulo: Editora Contraponto, 2005.

LONDON, Jack. *Selected works of Jack London.* London: *Canterbury Classics Eds., 2020.*

MALDONADO, Mauro; Miranda, Danilo. *Na base do farol não há luz.* São Paulo: Edições Sesc, 2016.

MANDEVILLE, Bernard. *The fable of the bees: or private vices, public benefites.* London: Penguin Classics; Penguin Eds., 1989.

MONDSCHEIN, Ken; BURTON, Richard. *The arabian nights.* London: Canterbury Classics Eds., 2011.

MORAES, Vinicius de. *Box Vinicius de Moraes.* São Paulo: Nova Fronteira, 2017.

NAGEL, Ernest; NEWMAN, James. *A prova de Godel.* São Paulo: Ed. Perspectiva, 2009.

PAVESE, Cesare. *O ofício de viver.* Lisboa: Editora Relógio D'Água, 2004.

RUSSELL, Bertrand. *The conquest of happiness.* London: Routledge, 2015.

RUSSELL, Bertrand. *Conhecimento humano: seus escopos e seus limites.* São Paulo: Editora Unesp, 2019.

SANTO AGOSTINHO. *Confissões.* São Paulo: Penguin Books, 2017.

SARAMAGO, José. *Ensaio sobre a cegueira.* São Paulo: Companhia das Letras, 1995.

SHEITZER, Albert. *Out of life and thought:* an autobiography. Maryland, Baltimore: John Hopkins University Press, 2009.

SCRUTON, Roger. *Guia de filosofia para pessoas inteligentes.* Lisboa: Editora Guerra e Paz, 2007.

SCRUTON, Roger. *Spinoza .* Paris: Editions du Seuil, 2000.

SHAKESPEARE, William. *Julius Caesar.* New York: Dover Publications, 1991.

SHELDRAKE, Rupert. *Morphic resonance:* the nature of formative causation. Rochester: Park Street Press, 2009.

SPINELLI, Miguel. *Filósofos Pré-Socráticos. Primeiros mestres da filosofia e da ciência grega.* Porto Alegre: EdiPUCRS (Editora da Pontifícia Universidade Católica), 2012.

WILDE, Oscar. *O retrato de Dorian Gray.* São Paulo: Penguin Books, 2012.